Kobe Muslim Mosque
神戸モスク
建築と街と人
宇高雄志

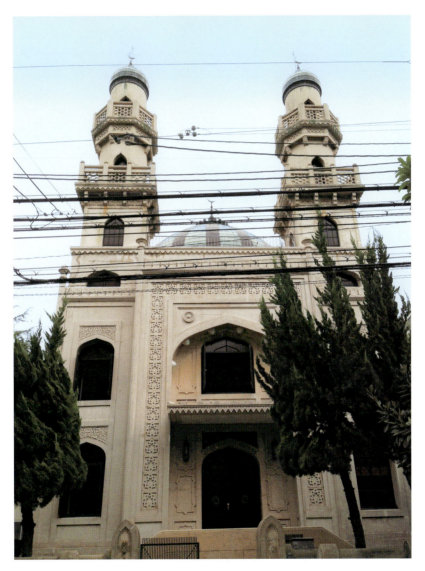

東方出版

1階礼拝室。ミフラーブを正面に見る(広角レンズを使用)

◀前頁。モスク北側の道路から外観を見上げる。
　ドームは近年交換した銅板とそうでない部分に色
　の差がある

1階礼拝室の南西角より中2階を見上げる

礼拝室のミフラーブ(左)とミンバル

ミンバル

中2階礼拝室。写真左側が1階礼拝室上部の吹き抜け

３階礼拝室全景。左手の柵の内側が下階との床開口部

１階礼拝室より中２階を見上げる

中２階礼拝室より１階を見下ろす

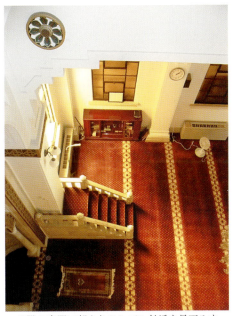

３階の床開口部よりミンバル付近を見下ろす

モスクの東側から見上げる

ミナレットを見上げる。下段から四角、八角、円形の平面

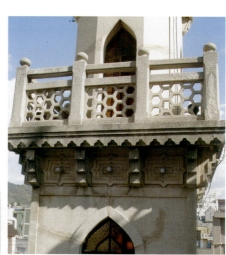

ミナレットの亀甲柄の欄干

正面玄関と庇

ミナレット内部で頂部を見上げる

ミナレット内部のらせん階段を見下ろす

北側の正面道路からみた門

ドーム頂部

●目次

序章　港町のモスク　7

第1章　港——世界の神戸　13

　　港と世界　13
　　港を支えた人々　16
　　開港と外国人居留地　17
　　山手の洋館街　18
　　港都の偉容完成へ　20
　　離別の港　22

第2章　イスラーム教徒——神戸に暮らした人々　27

　　「異人さん」と神戸　27
　　多彩な営み　28
　　「国際宗教都市」としての神戸　29
　　神戸のイスラーム教徒たち　32
　　インド系イスラーム教徒　34
　　「印度教会」と「回教寺院」　35
　　タタール系イスラーム教徒　36
　　神戸からのイスラーム世界へのまなざし　39

第3章　始動——モスク建設にむけて　44

　　2冊の記念誌　44
　　『神戸ムスリムモスク開堂祝賀会記念冊子』　45
　　『神戸モスリムモスク報告書1935-6年』　46
　　「むしろ彼等の宿望を達成せしめ」　49
　　定礎式　51

第4章　建築家——ヤン・ヨセフ・スワガー　55

　　日本初のモスクを設計すること　55
　　ヤン・ヨセフ・スワガー　55
　　ボヘミアから日本へ　57
　　日本から南米へ　58
　　「建築設計技師」と「土木技師」　60
　　建築学会特別員と「建築設計技師」　60
　　土木学会会員と「土木技師」　62
　　スワガーの日本での建築作品　64
　　「建築家」としてのスワガー　70
　　事務所独立へ　73
　　「べっぴん」な建築　75

第5章　施工者——竹中工務店と神戸　79

　　竹中工務店と「新興建築」の神戸　79
　　「神戸回々教教会堂新築設計図」　81
　　モスクを設計すること　85
　　「竹中図面」と現在のモスク　86
　　白いモスク　94

スワガーの役割　94
　　竹中工務店・鷲尾九郎　97
　　建築家としての鷲尾九郎　98
　　モスクの建立実行委員会、竹中工務店、スワガーをつなぐもの
　　　　　　　　　　　　　　　　　　　　　　　　　　　　101

　　『竹中工務店　建築写真集』　103
　　『近代建築画譜』のモスク　105
　　「都市武装」の時代の建築家たち　109

第6章　**完成**——モスク建立と街の風景　118

　　献堂式1935年8月2日　118
　　祝賀会1935年10月11日　121
　　港を望むモスク　124
　　モスクの空間　128
　　ドームの曲線美　129
　　3段のミナレット　135
　　1階——黄金の光の礼拝室　137
　　メッカに向かって　138
　　中2階——女性の礼拝空間　139
　　3階——礼拝室の床の仕掛け　139
　　モスクの建築をよむ　140
　　「防空演習」と灯されなかった電飾　142

第7章　**戦争**——大空襲の奇跡　147

　　戦争へ向かう神戸　147
　　神戸大空襲　149
　　焼け残ったモスク　151

海軍に接収されたモスク　　156
　　戦時下のイスラーム教徒の暮らし　　158

第8章　変貌──異人館街とモスク　　162

　　「焦都」のモスク　　162
　　終戦直後のイスラーム教徒たち　　163
　　連合国財産と神戸　　164
　　ハッサム住宅　　164
　　京都での弔い　　166
　　NHK連続テレビ小説と「異人館街」　　168
　　「異国情緒」の経済　　171
　　静かなモスク　　174
　　「ポートピア'81」　　175
　　ポートピアの「国際館」と「異人館通り」　　176
　　光り輝く神戸　　179

第9章　震災──身を寄せた人たち　　183

　　増加した外国人　　183
　　留学生と神戸モスク　　185
　　1995年1月　　186
　　マグニチュード7.3　　187
　　「震災の帯」とモスク　　188
　　歴史的建築物と地震　　190
　　外国人にとっての震災　　191
　　モスクでの再会と弔い　　193
　　避難所としてのモスク　　193
　　モスクと街　　196

終章　神戸とともに　200

　　モスク完成前後の建築関係年表　204
　　参考文献　205
　　謝辞　209
　　索引　211

・本書で参照した資料の旧字体や仮名遣いは、意味を損ねない限り適宜、現在の用法におきかえている。過去に書かれた文献には、現在からみれば表現や語彙に親しみのないものもある。本書では、当時の情勢を表すために原則的にそのまま掲載している。
・本書では、神戸ムスリムモスクのことを、一般的に用いられている神戸モスクと統一して呼んだ。ただし引用箇所は原文のままで表記した。
・参考文献の執筆者や人物の敬称は原則的に省略した。ただし直接に面談したりご教示をいただいたりした方については肩書きや敬称をつけた。

モスクを訪問される方へ

どなたでも見学が可能です。肌が大きく露出しない服装でおこしください。
団体でのご訪問は事前にモスクへのご連絡をお願いします。
神戸ムスリムモスク（電話：078-231-6060、ファクシミリ：078-231-6061）
〒650-0004 兵庫県神戸市中央区中山手通2丁目25-14

国土地理院発行2万5千分1地形図「神戸首部」（平成27年11月）に筆者加筆

序章　港町のモスク

　多くの観光客が訪れる北野の異人館街のちかくに、日本で最初に建てられたイスラーム教の礼拝堂、神戸ムスリムモスク（以下、神戸モスク）がある。モスクの異国情緒あふれる外観と色硝子に彩られた美しい礼拝室は、信徒の間だけではなく、神戸に暮らす多くの人々に親しまれてきた。
　港とともに神戸は時代の先端にあった。
　諸説あるが神戸には、ジャズや映画、パンやコーヒーがわが国でももっとも早い時期に上陸した。街には、今も昔もかわらず洋菓子や珈琲の名店が軒を連ねる。神戸は、異国情緒あふれる港町として年間約2300万人もの観光客をひきつける[1]。
　海と山の近い、光あふれる街の風景。世界にひらかれた大きな港。
　旧居留地、中華街の南京町、異人館街などの街並みの多彩さ。盛り場も賑やかだ。魚も肉も逸品がそろう。神戸は、わが国でもっとも躍動感のある、住みやすい街だと思う。
　一方、神戸には陰翳の深い歴史がある。
　コレラの発生やスラムの貧困。国を追われた人々の往来。神戸大空襲では市街地は焼きつくされた。大水害や地震などの自然災害。神戸の街の奥深さは、一見、きらびやかでスイートな佇まいだけではなく、ビターで陰翳にみちた、街の記憶の奥行きにあるのかもしれない。
　異国情緒をまとう神戸の風貌は、しばしば、西欧世界の文化の結晶として描写される事も少なくない。一方で、神戸は、西欧だけではなく世界各地からやってきた人々と、無数の地元の人々の足跡のうえに成り立っている。
　イスラーム教を信ずる人々もそうだ。

神戸モスクは、イスラーム教徒たちの手によって1935（昭和10）年に建てられた。日本で最初に建てられたモスクだ。いまからおよそ80年前、神戸が開港して70年たった頃のこと。
　そして、神戸モスクは信徒の人たちの寄付で建てられた。寄付は、遠い土地から神戸にやってきたタタールやインド出身の信者たちが中心となった。寄付は、遠い国外からも寄せられた。その後、粘り強い当局との交渉により建設が可能になった。当時のわが国では、イスラーム教は当局により公認されていなかったのだ。
　この経緯については外交文書などの精密な分析による、福田義昭氏の論考「神戸モスク建立――昭和戦前期の在神ムスリムによる日本初のモスク建立事業」[2]に詳述されている。また神戸の外国人社会やイスラーム教徒の足跡については多くの論者による研究がある。
　モスクが建てられた頃、神戸の名は海港都市として世界に知れ渡っていた。それでも日本は極東の遠い国。神戸でモスク建設に向けて奮闘した彼らは、どんな理由で祖国を離れ神戸を目指したのか。そして異邦人としての彼らは、神戸でどんな日々を送ったのか。彼らのみた神戸の街の風景はどんなだったのだろう。
　モスクが建てられた当時の神戸は、都市建設にむけた挑戦が続いていた。その一方で、急激な開発による新たな都市問題も生じ始めていた。それでも風通しのよい街には進取の気性があふれていた。港町の風景は、若い写真家や画家のまなざしをとらえて離さず、絶好の被写体になった。モスクが建てられた頃の神戸の街並みをとらえた写真や絵画はいくら見ていても飽きない。街の風景は多様かつ多彩、そして陰翳が深い。もちろんモスクも彼らの描写の対象になっていた。
　建築物としての神戸モスクは、近年の県や市による文化財調査の報告書などにとりあげられてきた。旅行ガイドや観光パンフレットの誌面でも常連で、ファッション誌の特集記事にも掲載されている。
　しかし神戸モスクの建築物としての成り立ちや空間についての考察は限られる。残された図面や資料などが限られたからかもしれない。

このモスクを、誰がどのように設計し建てたのだろうか。

　多くの報告書や論考には、神戸モスクはチェコ出身の建築家のスワガーによって設計され、それを竹中工務店が施工したと記されている。

　なぜ遠くチェコの建築家が、神戸のモスクを設計することになったのだろう。また、スワガーと、現在わが国を代表する建設会社の竹中工務店はどのようにして出会い、モスクの建設に向かったのだろう。そして竹中工務店はわが国で最初に建てられるモスクの建築工事をどの様に成し遂げたのだろう。

　ただこれを知るにも、80年を超す時間の経過と、戦争もあって残された建築資料は限られていた。モスクに保管されていた図面は後年に作成された簡易なものを除きなかった。資料は散逸していた。

　そこで、筆者は神戸モスクの皆様の協力を得つつ、研究室の学生たちとモスクの建物の図面を引くところから始めた。モスクが建てられてから現在に至るまで、どのような変転を経たのか。その痕跡をとらえたかったからだ。

　図面製作の過程は驚きの連続だった。神戸モスクは80年の時間と、神戸大空襲や阪神・淡路大震災などの幾度もの危機に直面したにもかかわらず、殆どその姿を変えていなかった。そして調べれば調べるほど、モスクは建築物としても奥行きの深い魅力があった。

　神戸モスクは、ほんとうに神戸らしい建物だと思った。その表情は多様かつ多彩。その佇まいは、筆者が諸国でみたモスクの風貌に似ている。外観の明るい砂色は砂漠の国を、空に広がる大きなドームははるかなるイスラーム世界を想像させる。ただモスクの細部をこまかくみると、中国や東南アジア、インドにみるものに似ている部分もある。それに日本建築の気配もある。

　もっとも神戸モスクは規模から見ても巨大な建築物ではない。それでもこの多様さを、しなやかに一つの空間にまとっている。しかも多様なだけではなく、どことなく洗練されていて、神戸の街の風景としっくりと調和しているのだ。不思議なことに何度訪れても見飽きることがない。

もう一つ私にとって大きかったのは、モスクに集う皆さんとの出会いだった。
　この本を書いていたころ、モスクの理事長をつとめておられた新井アハサンさんは、何度もの私たちの訪問にいつも笑顔で応えてくれた。新井アハサンさんの話は、建築物としてのモスクの事だけではなかった。神戸の街、モスクで祈る人々の生きた時代、そして信仰について。子育てから日々の生き方にもおよんだ。いつの間にか時が過ぎていたこともある。モスクからの帰路、トアロードの景色はいつもどこかが違って見えた。新井アハサンさんとの対話を通じて、建物をモノとしてみるだけでは、モスクの生きた時代とその記憶はとうてい捉えることはできないと思った。
　神戸モスクを知ることは、神戸の街の記憶をたどることでもあった。
　いつもきらびやかな神戸とは、ちがった街の姿がみえはじめた。神戸は、その開港から現在に至るまでダイナミックに変化を遂げてきた。小さな漁村のあった一帯が開港し外国人居留地が築かれる。その後、日本一の国際的港湾を擁する工業都市として急成長した。港湾も巨大になった。都市は郊外に膨張し、街には洗練された建築物がたちならんだ。街の暮らしはたえず時代の先端をあらわしていた。
　一方で、神戸は幾度もの災いを経験した。神戸大空襲ではわが国でももっとも過酷な被害を受けた。市街地のほとんどが焼きつくされた。幾度もの水害や、阪神・淡路大震災にも遭った。
　モスクの入り口に、神戸大空襲を受け、終戦直後のモスクをとらえた一葉の写真が飾られている（154〜155頁）。見渡す限りの焼け野原に、唯一モスクだけが屹立する様が写っている。現在の街の風景とのあまりの違いに、この写真の中央に写る建物が、今ある神戸モスクだと気がつかない人もいるらしい。
　驚くべきことに、神戸を焼きつくした大空襲の中、モスクは無傷だった。これは奇跡だとされている。なぜモスクは神戸を襲った大空襲にも焼かれず、生きのびることができたのだろう。
　戦後、神戸の復興は急ピッチで進められた。

戦災復興は、単に焼きつくされた街を元の姿に戻す作業ではなかった。現在に続く都市開発も、国際貿易港として、わが国の成長の先頭にたって、それを牽引する神戸を構築する挑戦だった。

　海上都市ポートアイランドの造営をはじめとする、斬新な都市開発の様は、しばしば「株式会社神戸市」とその先進性が讃えられた。1981年の「ポートピア'81」は会期中に1600万人もの訪問者をあつめた。純益は60億円に達し大盛況だった。生産誘発効果は2兆円に達したとの算定もある。新たに生み出された海上都市は「未来」を象徴した。神戸がもっとも輝いた時期だったろう。

　一方、とどまることのない開発は、神戸の暮らしの風景を変えた。

　モスクが建てられた頃、モスクのミナレット（尖塔）とドームは、港を出入りする船舶からも見えたはずだ。もちろん今では、ほかの市街地と同様、モスクの周りには背の高い建物が建ち並ぶ。山手の異人館街もその一部は大空襲でも焼かれなかった。しかし1970年代に本格化するマンションやホテル建設ラッシュ、異人館街への観光ブームで大空襲をも生きのびた洋館もさらに姿を消した。

　そんな開発のただなかにあっても、モスクは戦前の1935年に建てられたままかわらなかった。

　そして、阪神・淡路大震災にも生きのびた。地震の直後、堅牢なモスクは被災した信徒の人たちを受け入れ助け合いの場となった。モスクがこの激震でもほぼ無傷だったのも単なる奇跡だったのか。

　神戸モスクは、今も昔も神戸のみならず、わが国と世界のイスラーム教徒の信仰の場として、多くの人々を受け入れている。日本にやってきたイスラーム教徒の友人たちとモスクを訪問すると、彼らが皆ほっとした表情になるのも印象的だった。日々を生きることは、祈ることでもある。

　ここ神戸では、モスクをはじめ多様な信仰や文化を持つ人々がしなやかに共存している。

　本書では、神戸モスクの建築の魅力を中心に、開港150年を迎えた神戸の街の記憶と、ここを往来した人々の足跡をたどりたい。

注
1　神戸市統計 2013 年より。宿泊と日帰客の合計値。
2　福田義昭、2011「神戸モスク建立——昭和戦前期の在神ムスリムによる日本初のモスク建立事業」アジア文化研究所研究年報 45 号。

第1章　港——世界の神戸

港と世界

　神戸は、港をつうじて世界に開かれていた。

　アジア諸国の工業発展を受けて、欧米の船会社も、極東航路へ新鋭の客船を起用した。また世界情勢の不穏さや混乱もあって新天地を求める移民も増加する。神戸港はアジア諸国の港との結びつきが強く、満州事変以降は東北アジア地域との貿易もより盛んになった。

　神戸港に出入りする外航船も増え大型化してゆく。昭和初頭からは商船会社が競って新鋭船を建造した。新造客船の建造では乗客のうち外国人を3分の1程度とみこんで設計された。インテリアの設計を英国人デザイナーに依頼する会社もあった。船員の候補生たちもより洗練されたサービスをめざし西欧の豪華客船で研修を受けた[1]。

　神戸には、当時の世界を代表する名船も多く入港していた。神戸港は早くから世界一周ルートの経路にもなっていたのだ。

　その最大級の客船に、エンプレス・オブ・ブリテンがある。当時、最速かつ最も豪華な客船で1931（昭和6）年にスコットランドで建造された。ブリテンは就航後の当初は北米と欧州の間を結んでいたが、モスクが建てられた頃は世界一周航路にも就いていた。その途上では神戸にも寄港していた。

　乗客も船乗りも神戸への寄港を楽しみにしていた。神戸の水は、赤道をこえても腐らない良水として知られ、街の風情も洗練されていたからだ。

　市役所には1934年に観光行政を推進する部署が拡充されている。国際港を有する都市として観光産業を振興し外貨獲得を目指したのだ。これの宣伝には気鋭の写真家が起用された。その1人に中山岩太がいた。中山は

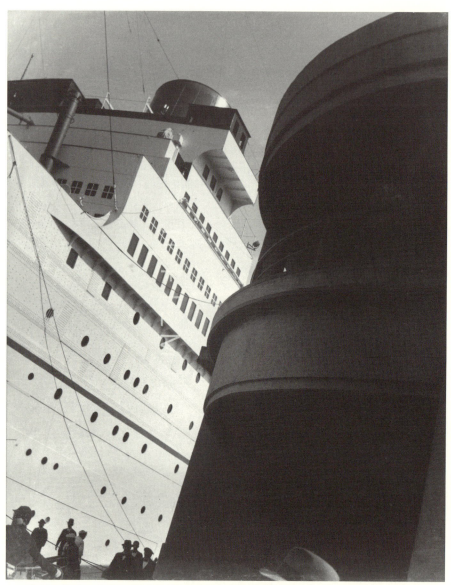

「エンプレス・オブ・ブリテン号」中山岩太「神戸風景」1937年頃。中山岩太の会所蔵

鋭敏な感性と技法で、近代的写真表現の旗手として知られていた。

　中山岩太の一連の写真作品「神戸風景」にブリテンの写真がある[2]。1937年頃に撮影された作品だ。中山は波止場の人々の眼前にそびえたつブリテンを、白と黒の強いコントラストの写真におさめた。一連の作品にみるブリテンの白亜の船体には力が漲っている。一方でそのしなやかな曲線美は官能的でさえある。これらの写真は、人々の異国への旅情をおおいに誘っただろう。

　しかしこの美しい名船は不運だった。1939年には優美さを誇った白い船体は無粋な灰色に塗りこめられる。そして兵員輸送の航海上、1940年、アイルランド近海でドイツ軍の攻撃を受け沈没する。

　わが国から海外へ向かう人も年々増えた。

　新聞には外航船の「神戸出帆」の予定も記されている。たとえばモスクが建てられる前年の1934年11月の地元紙には、桑港（サンフランシスコ）、倫敦（ロンドン）、新嘉坡（シンガポール）など、世界各地へ向かう商船会社の出帆時刻がならぶ[3]。

　『神戸市統計書』によると「海外渡航券」を申請した人たちは、北米を筆頭に、ブラジル、フィリピン、インドなど多くの国々を目指した。その目的は、北米への留学、視察や、東南アジア諸国への商用など様々だ[4]。外国航路の客船が出港する様をとらえた写真には、それぞれにスーツやドレス、着物で着飾った人々が手を振り見送る様子が残る[5]。

　世界を放浪しのちに『どくろ杯』で知られることとなる金子光晴は、遠く香港、シンガポール、セイロンを経てパリに向かった。金子の道中は放蕩と金欠の連続。底抜けの奔放さは、時代を超え読者をひきつける。金子は、旅の途上で寄港した東南アジアから中東諸国では「回教」、イスラーム教徒の人々の日々の生きざま、そして祈りの姿も活写した。金子のまなざしは市井の人々をローアングルからとらえる。街角で出会った人々の体温や匂いまでが読み手に伝わってくる。一方で「排日運動」の影響で緊張感の漂う港もあった。

　そして世界放浪の後、金子を再び受け入れたのは、神戸の港だった。

神戸には、彼女の弟が迎えにきていて、おちつきのわるいゆらゆらとしたたたみの踏心地になつかしさをおぼえながら、どん詰まりの日本の、ヨーロッパとはまた一風変った、せせこましい小路の溝板をふんで、じぶんの腰掛ける縁台をさがし直さなければならなかった[6]。

いくら客船が豪華で、駿足を誇ったとはいえ極東の港、神戸からの世界は広い。昭和のはじめの頃、神戸を出航した船が、はるか欧州の港にいたるまで何十日も要した時代のこと。

港を支えた人々

港には、世界中から旅客と貨物が次々に到着する。

旅立つ人々と見送る人たちで、港は毎日、大変な賑わいだった。『神戸港大観』をみると、モスクの完成した1935（昭和10）年頃は、第二次世界大戦の前で、出入港する隻数と貨物量がともにピークを迎えた時期だった[7]。年間の入港数は外航船が約4500隻、内航船は10万隻を超えた。外国貿易の総額も大阪、横浜、名古屋などの主要港を押さえて国内1位。これを担う神戸の海運業や造船所も大賑わいだった。

昭和初期、岸壁など港湾施設の整備が追い付かない港では、船舶は沖合に停泊した。船舶から積み下ろしされる膨大な量の貨物の荷役作業は港湾労働者によって担われた。船舶の大型化と貨物の増加で、さらに多くの港湾労働者が必要になっていった。

港湾労働者たちは、朝早くから通船にのりこみ荷役作業に向かう。荷は本船から艀に積み替えられ埠頭に運ばれる。1936年頃の港をとらえた写真には、バナナを荷役する港湾労働者たちの姿がとらえられていた。半纏を身に着け、大きな荷を担ぎ上げる[8]。

出航を急ぐなか、足場の不安定な揺れる船内で重量物をあつかう荷役は、常に過酷で危険ととなりあわせだった。特に日雇者の立場は弱く、彼らの多くは狭く古い簡易宿泊所に住み込んだ[9]。

同時に、港で働く無数の人々は、港と街の活力の源でもあった。

森隆行は「神戸は港でもち、港は艀でもつ」と活写する[10]。無数の艀と

働く人々が、港を根底から支え、同時に神戸の街の活力の源だったのだと。

　艀で働く人は積み荷の監視もあって艀に家族で住み込んだ。そこでの暮らしは厳しい。狭い船内。冬の寒風と夏の酷暑、艀から幼い子が海に落ちることも心配だ。神戸港に中突堤が竣工した1938年には、児童福祉法をうけた「神戸市立水上児童寮」が開設されている。

　港は大型化する船舶とその間を行き交う艀で混雑した。

　これもあって大きな船が接岸可能な突堤や港湾施設の建設が急ピッチに進められた。この建設需要は土木や建築の建設会社をひきつけた。先進技術が求められる港湾建設は各社の腕の見せ所。新しい技術を試み、社運をかけて神戸に躍り出る。1907（明治40）年に本格化する築港工事は、1939年に兵庫突堤の第一、第二突堤の完成をむかえた。この年の兵庫突堤の写真には、波止場に切り妻屋根の倉庫が建ち並び、そこに大きな商船が接岸する様が写っている[11]。

　港には新しい建物が建ち並び、優美な船舶が接岸する。港は洗練と先進を意味した。様々な催しものも行われた。モスクが完成する5年前、1930年9月には神戸港を中心に「神戸海港博覧会」が開催された。神戸沖で行われた演習観艦式を受けて開催された博覧会では、水中爆破の実演が行われサーチライトが港の夜空を照らす。港に集結した巨大な艦艇を見ようと多くの市民が押し寄せた。

　世界を股にかける粋な船乗りたち、港を支える港湾労働者、造船所や工場で働く人たち。港は最新の技術で造営され、街にはそれを担う進取の精神があふれた。

開港と外国人居留地

　神戸は1868年の兵庫としての開港を受け、約26ヘクタールの海岸の土地に外国人居留地が設けられた。居留地は126の区画に分けられ、敷地は競売にかけられた。競売には英国、ドイツ、オランダ、フランス等からの外国人が入札した[12]。その後、商館や貿易会社の建物が次々に建てられ

た。また教会やホテルなどの外国人の往来に必要な施設も建設された。

　この居留地の建設では多くの外国人技師が活躍した。港湾や道路などの築造には当時の先進技術がこころみられた。外国人居留地の顧問技師は英国人の土木技師 J.W. ハートだった。彼は下水道や道路などの建設で、新しい技術をもたらした。居留地のレンガ造の下水道の一部はいまも現役。

　居留地には幅の広い道路が南北に 8 本、東西に 5 本が築かれ車道には「マカダム式」の舗装が施されたとされる。マカダム式舗装はスコットランド人測量技師のマックアダムが 1820 年ごろに考案したものだ。砕石を巧みに配したこの舗装工法は、それまでの工法と比べて堅牢で建設費も経済的だった。このことからマカダム式舗装は瞬く間に世界中に普及した。兵庫県では 1876（明治 9）年に竣工する生野銀山と現在の姫路市飾磨の港を結ぶ「生野鉱山寮馬車道」の築造にも用いられた。同じ舗装工法で築かれた県内 2 か所の道路の時代的な符合も興味深い[13]。

　もっとも、都市は経済活動を担うばかりではない。誕生と死、そして祈りも受けとめる。墓地も重要だ。開港以前から居留地の東の小野浜に外国人が埋葬されていた。のちに小野浜外国人墓地が開かれるが、手狭となり 1899 年に春日野外国人墓地が設けられている[14]。しかし市街地の拡大は進み外国人の人口も増える。

　モスク建設の 2 年後の 1937（昭和 12）年には市立の外国人墓地の新設が決まる。場所は六甲山系の再度山で、ここに墓地の新設準備が始まる。しかし後の災害や戦争もあって完成したのは、戦後の 1952 年となった。完成後は 60 あまりの国籍からなる 2700 柱が埋葬された。神戸に在留したイスラーム教徒もねむる。

山手の洋館街

　当初、外国人の居住や移動には当局による制限があった。政府は外国人に対して「居留地」「雑居地」「遊歩区域」をそれぞれ定めた。住居を設けてもよい「雑居地」は外国人居留地の東西両側の地区を含み、南北は海岸から六甲山系の山裾まで。土地所有にも制限がかけられ、当初の借地権は

5年間に限られた。「遊歩区域」は神戸港から10里程だった。これをこえる場合は当局の発行する「旅行免状」が必要だった。

　無論これらは外国人には不評だった。制約条件が厳しいと、彼らの日本への投資を鈍らせ、ひいては国益を損ねることになる。そこで徐々に規制が緩和され外国人の居住地や行動範囲は拡大した。借地権も延長されることになる。

　これとともに外国人は、居留地周辺の雑居地の地主と個別に交渉し住まいを建ててゆく。雑居地も後に拡大し、海岸線に沿った外国人居留地の東西のみならず、六甲山系の山麓にもおよび始める。

　そこで県は1872（明治5）年に山麓と居留地を結ぶ5本の道路の新設に着手する。後にこれらの道路は拡幅され、沿道には外国人の住宅が建てられ始める。これらの住宅街の一部が後に「異人館街」と呼ばれるようになる。

　このうちの一筋として開通するのが「トアロード」だ。

　トアロードは、港のメリケン波止場から外国人居留地、そして山手を結ぶ街の背骨のような役割を果たした。神戸モスクは、後にこの坂を上った所に建てられた。

　メリケン波止場は、1871年の英字紙に「American Hatoba」として表れもっとも重要な波止場だった[15]。そしてトアロードの坂の上には「国立移民収容所」や「トアホテル」（Tor Hotel）などが建てられた。トアホテルは1908年に西欧人株主の共同出資により開業している。のちに神戸モスクの完成の際には祝賀会が催される。柱などの材木が外部から見えるハーフティンバー様の外観で、海岸通りのオリエンタルホテルとならび人気を集めた[16]。

　モスクが建った年の1935（昭和10）年のトアロードの写真をみると、洋装の人々が坂道を上る姿が目立つ。沿道の店舗も和風と洋風の建物が入り混じる。例えばある店の看板にはクスリキリン堂にKIRINDO PHARMACYなどと英語と日本語が併記されているのだ[17]。

　トアロードは、開通当初は「三宮筋通」と呼ばれていた。それがのちに

トアロードと呼ばれることになる。その名の由来は長年にわたって曖昧で、中には「鳥居」から転じたとする説もあった。諸説を精査した弓倉恒男はトアホテルが建てられるさらに前、この敷地には英国人の邸宅「The Tor」が建っていたことを突き止める。弓倉はこの「トールの館」がホテルの名となり、のちに通りの名前に用いられる様になったと結論づけている[18]。これも戦中には「東亜道路」と呼ばれた。そして終戦直後は、進駐軍の専用道路として使われた。

トアロードをはじめ山手へむかう坂道は、街の景観にダイナミックさを加えることになる。神戸の市街は平地の広がる東西にのびている。これにトアロードのような山手への坂道が加わり、そこへ次々と洋館が建設されてゆく。街の景観もより立体的になるのだ。

その一方、富裕なものが眺めのよい山手から、市街地と港を眼下にみおろす構図も定着する。

港都の偉容完成へ

モスクが建てられた頃の神戸の街は、港の活況と同じく、ある種の爛熟を迎えていた。

神戸又新日報[19]の撮影した1936（昭和11）年の航空写真（125頁）に写る神戸は、海運と重工業で繁栄する大都市と呼ぶにふさわしい容貌だ。三ノ宮駅周辺と六甲山麓をとらえた航空写真には、びっしりと建物が軒を連ねる様が写る。その市街地を国鉄の高架線が横切っている。

写真にはモスクの姿も写っていた。背の低い建物に取り囲まれ、そこに白い2本の塔を有する建物が映り込んでいる[20]。

モスクが建設された1935年の神戸又新日報の紙面には「港都の偉容完成へ」と力強い大見出しが躍る。

> 飛躍するシヴィツクセンター　力強い文化の響き　港都の偉容完成へ
> 三ノ宮駅を中心にして動く　目覚ましい発展ぶり[21]

この記事には「高架複々線、阪急高架乗り入れ、阪神地下鉄延長」が神戸の街並みを一変させるとある。国鉄線（現ＪＲ東海道本線）と阪急電鉄

の高架化と、阪神電気鉄道の地下化のことだ。

　神戸は海と山が迫る地形で、この中央を東西に鉄道線が横切っている。このため南北交通が滞りがちだった。そこで鉄道の高架化が進められたのだ。これに伴い、現在の位置に三ノ宮駅が開業する。トアロードに近いところにあった旧・三ノ宮駅は後に新設され元町駅に改称。阪神電気鉄道は1936年に元町まで地下線でつながり、阪急電鉄も同じ年に高架で三宮まで路線を延長した。地上には路面電車がはしる。

　記事には、各社の駅や商業施設の建設についても取り上げ「港都」は「ここ数年ならずして大文化街の登場を見ることになろう」と昂揚する。

　新しい「港都」に開花した建築物は多彩だった。

　和風、西洋の影響の強いものから、近代主義建築など百花繚乱。和と洋を折衷させた建築も建てられてゆく。西洋人の建築家が先進的な建築技術を持ちこむ。それを日本人建築家や大工が腕をふるい建ててゆく。

　明治の中期以降は、黎明期の建築教育を受けた日本人建築家や、新たな技術を得た建築会社も奮闘している。モスクを建てる竹中工務店も頭角を現し始めていた。

　神戸に建てられた建築物は、西洋や日本を系譜とするものだけではなかった。六甲山の南稜には1910（明治43）年にインド、ペルシャ等の建築様式を建物の随所に取り入れた「二楽荘（にらくそう）」が建てられている。これは西本願寺の大谷光瑞の別邸だった。設計は本願寺の技師・鵜飼長三郎によるが、後に触れる伊東忠太も助言的立場で関係している。伊東はこの二楽荘を「本邦無二の珍建築」と評した。

　三宮のみならず、市内各所の繁華街も大いに賑わった。

　市内の隅々を路面電車がつなぐ。西の湊川、新開地も大変賑わった。大正初期の開業以降、西の帝劇ともよばれた「聚楽館（じゅらくかん）」では芝居からクラシック音楽の演奏会までが開催された。昭和初期の聚楽館前ではカンカン帽をかぶった男たちが行き交う様子が写真にのこる[22]。カフェには洋装の男性と着物姿の女性が談笑している姿が写る[23]。

　街で働く女性の姿も洗練されていた。1936年頃の市営観光バス「むこ

号」の写真には「ガイド嬢」の姿が写る。ベレー帽の制服は大人気。「女子郵便配達員」も白い幅広襟の制服を身に着け、自転車で颯爽と郵便を配達する[24]。同じ頃には市電の女子車掌もデビューしている。

外国人のライフスタイルも神戸にひろがりはじめた。

洋菓子、パンの文化もそうだ。洋菓子会社モロゾフの創業者F. D. モロゾフは、ロシア革命の後に神戸にたどり着く。1926（大正15）年にトアロードに洋菓子店を開業した。昭和初期にかけて世界各地の菓子職人が次々に開業している[25]。

人々の買い物熱も旺盛で、相次いで大型店が開業している。白木屋が新開地に進出、大丸やそごう、三越も開店。英語の看板がめだつ元町商店街には蓄音機の前で音楽に耳を傾ける人もいる。

新しいライフスタイルのひろがりは街場だけにとどまらなかった。外国人が親しんだハイキングやスポーツも市民に広まり、六甲山系を訪れる人も増えた。1931年にはロープウエイが六甲山系に開通し、ますます訪問者が増えた[26]。

しかし、神戸も繁栄を謳歌しただけではなかった。

1927年の昭和金融恐慌では神戸市内でも銀行預金への不安から銀行へ市民が押し寄せた。また1929年にはアメリカで起きた株価の大暴落をうけ、国内企業の経営悪化を招き労働者は賃金の低下と失業にあえいだ。これに対して、1930年には神戸市内でも紡績工場の女性労働者たちが、賃金切り下げに抗議した。神戸港でも海員組合による「海上メーデー」が行われている。

六甲山系もしばしば災いをももたらした。1938年、阪神大水害が神戸市街地を襲う。宇治川商店街の写真では、街路が泥と材木で埋まっている。また沿道の建物も傾いでいる[27]。のちに「三大水害」とも呼ばれる大規模水害をはじめ、神戸の街はたびたび襲われた。

離別の港

建設と拡張が続く港は、人々の別れの場でもあった。神戸から旅立った

南米移民もそうだろう。

　神戸モスクの完成する7年前の1928（昭和3）年、トアロードの坂の上、トアホテルの西の近くに「国立移民収容所」が開設される。モスクからもすぐの場所だ。国立移民収容所は1932年に神戸移住教養所に改称。その後、神戸移住幹旋所、神戸移住センターと改められた。また戦中には船員養成機関としても用いられた。現在は神戸市立海外移住と文化の交流センターとして使われている。

　大正末期から全国的な凶作がつづき農家はあえいでいた。これに対して政府は南米に移民を送り出す政策を進めることにした。国策を受けて設置された国立移民収容所はその偉容を誇った。鉄筋コンクリート造4階建て（一部5階建て）の新鋭建築だった。当時では珍しい水洗トイレやスチーム暖房も設けられた。玄関周りは、きなり色のタイルで飾られ、吹き抜けと階段はやわらかな曲線でデザインされている。設計は兵庫県の営繕課の置塩章らが担当。施工は大林組。置塩は後に建築事務所を経営した。

　上階には移民が投宿する「収容室」があり寝台が並べられた。ここで移民たちは出航までの間の10日あまりをすごした。この間に健康診断や予防接種を受ける。移民先の社会事情や簡易な外国語会話を学び、パスポートなどの必要書類も発給される。子供たちは「所内小学校」で勉強をつづけた。それぞれに新天地に向けて意気揚々ながらも、写真に残された移民収容所に投宿した人々の姿は、どこかおぼつかない。

　そうして束の間の滞在を終え神戸港からブラジル丸などの移民船に乗り込む。船と岸壁を別れのテープがゆきかう。岸壁では地元の小学生の一団が『渡伯同胞送別の歌』をうたい船出の移民たちを送別した。

　作曲は田村虎蔵。日伯協會会誌の『ブラジル』に楽譜と歌詞が掲載されていた。楽譜には「快活に」と付記されている。
　　一、行け行け同胞海越えて　遠く南米ブラジルに　御国の光輝かす
　　　　今日の船出ぞ　勇ましき　万歳　万歳　万々歳[28]
　ただし、海を渡る人との再会が、この先にかなうかどうかは誰もわからない。南米移民の足跡を論じた黒田公男の言葉を借りれば、波止場では

「絶叫型の離別」が繰り返されたという[29]。

　神戸から南米への移民船の航路で西回りの場合、香港、シンガポール、コロンボ、そしてケープタウンなどの港を経てリオデジャネイロへ。昭和初期の船足では五十日弱を要した大航海。そしてリオからは入植地へ向けて、さらに奥地へと旅は続く……。

　船出を「快活に」「万歳　万歳　万々歳」と勇ましかった見送りを受けても、渡航先の暮らしは過酷だった。南米移民の証言には、過酷な暮らしを回顧し移民を選んだことへの悔恨をしたためた者もある。

　また国内からも、国策で移民を送り出す事業の実態を「棄民」だと指弾する論調もあった。

　しかし彼らは、過酷な移民先の暮らしの中で、懸命に働き片時も工夫を惜しまなかった。移民先の国土にもたらした開拓や農業開発での貢献は大きかった。黒田は、後に現地社会は移民らを「棄民」どころか「貴民」として受け止めて感謝されていたと強調する[30]。

　人と物の往来で、遠い世界はつながる。

　彼らが日本に持ち帰ったものも少なくなかった。コーヒー文化もその一つだろう。国内初のコーヒー店は明治初期に神戸に開かれていた。その最初期のものに1878（明治11）年に開かれた「放香堂」がある。同年12月26日の読売新聞紙面に同店の広告がでている。神戸港から日本茶を輸出するとともに、コーヒー豆を輸入していたのだ。他にも諸説ありブラジルから帰国した人が大阪・箕面にひらいた店が「日本最初の喫茶店」だとの説もある。

　いずれにしても南米をはじめ世界との往来を通じて、コーヒーは神戸でより身近なものになった。コーヒーだけではない。映画、ゴルフ、洋菓子に、ジャズ……。このいずれもが、この港を出入りする船と旅人によって神戸、そしてわが国にもたらされた。

　洗練と繁栄の「港都」神戸も、無数の人々の足跡と離別が、その風景に陰翳と奥行きを加えていったのだ。

注
1　野間恒、2008『増補　豪華客船の文化史』NTT 出版、pp.186-188。
2　兵庫県立美術館（編）、2010『レトロ・モダン　神戸　中山岩太たちが遺した戦前の神戸』兵庫県立美術館・美術館連絡協議会、pp.26-27。
3　神戸新聞「日本郵船汽船神戸出帆」1934.11.7. 他各社記事。
4　神戸市、1930『神戸市統計書、昭和5年』神戸市、p.1-135・表69、p.1-137・表70 より。いずれも1928年の統計より。
5　神戸市（編）、1989『写真集　神戸100年』神戸市、p.202。
6　金子光晴、1973『ねむれ巴里』中央公論新社、（改版3刷：2012）pp.344-345。
7　神戸市、2012『神戸港大観 平成24年』神戸市みなと総局、p.27、p.288。
8　神戸都市問題研究所（編）、2009『神戸市制120周年記念：神戸　あのまち、あの時代』神戸市、p.2（所蔵：神戸港振興協会）。
9　森隆行、2014『神戸港　昭和の記憶　仕事×ひと×街』神戸新聞総合出版センター、pp.72-77。
10　同前、p.86。
11　神戸都市問題研究所（編）、2009、既出、p.2（所蔵：神戸市立博物館）。
12　田井玲子、2013『外国人居留地と神戸　神戸開港150年によせて』神戸新聞総合出版センター、p.34。兵庫県史料より。
13　拙稿、2014「生野鉱山寮馬車道の歴史的建造物に関する研究：馬車道修築碑（兵庫県姫路市）にえがかれた築造の背景」産業考古学会・2014年度全国大会。
14　神戸市、1930、既出、p.1-27・表22 より。1928年の統計より。
15　田井玲子、2013、既出、p.31。
16　神戸市（編）、1989、既出、p.196。
17　神戸都市問題研究所（編）、2009、既出、p.9（所蔵：神戸市文書館）。
18　弓倉恒男、1998『神戸トアロード物語　その名の謎に挑む』あさひ高速印刷出版部、pp.37-38。
19　神戸又新日報は1884年に創刊。モスク完成の4年後、1939年に新聞統制により休刊。
20　神戸市（編）、1989、既出、p.160（撮影：神戸又新日報、所蔵：神戸市文書館）。
21　神戸又新日報「飛躍するシヴィックセンター」1935.8.2。
22　神戸都市問題研究所（編）、2009、既出、p.12（所蔵：神戸市立博物館）。
23　神戸市（編）、1989、既出、p.221。
24　同前、p.226。

25　神戸都市問題研究所（編）、2009、既出、p.36（所蔵：ユーハイム）。
26　同前、p.31（所蔵：六甲摩耶観光推進協議会）。
27　同前、p.38（所蔵：神戸市）。昭和の三大水害は1938年、1961年、1967年に発生したものを呼ぶ。
28　田村虎蔵（作曲）「譜面・歌詞：渡伯同胞送別の歌」、『ブラジル』日伯協會（1927年2月号）、p.75。
29　黒田公男、2014『神戸移住センターから見た日本とブラジル』神戸新聞総合出版センター、p.20。
30　同前、p.27。

第2章 イスラーム教徒——神戸に暮らした人々

　神戸の街には外国人の姿は珍しくはなかった。

　見たこともない服装、聞いたことのない言葉。神戸の人たちも興味津々だったに違いない。港と都市の開発が進むにつれて外国人の人口は増えてゆく。

　神戸の外国人人口は、どのようなきっかけで増えたのか。モスクを建てたイスラーム教徒たちが、母国から遠く神戸に到るきっかけは何だったのだろう。また彼らの神戸での暮らしぶりは、どのようなものだったのだろうか。

「異人さん」と神戸

　開港後、神戸の外国人社会はどのように大きくなったのか。

　田井玲子による各種の統計の集成[1]によると、開港間もない1869（明治2）年では185人。その後、開港からわずか10年後の1879年には1005人。年々大きくなっていた。

　モスクが建てられた1935（昭和10）年の外国人人口をみる。

　『神戸市統計書』[2]によると合計9147人で2702世帯。男女比では男性のほうが大きく、男5393人、女3754人。国籍ではおよそ半分の5576人が中華民国籍。これに続くのが英国本国の809人、ドイツ526人、アメリカ402人、インドの353人と続く。およそ20の国や地域が列挙されている。

　興味深いのはその国籍の計上の方法だ。いずれの社会も、統計の分類方法には社会情勢が映し出される。

　国籍別で「ソ連邦」は38人で16世帯。しかしこれには、丸括弧で総数（385）世帯数（162）と付記がある。この時期の『神戸市統計書』の国籍

別統計で、括弧書きがあるのは「ソ連邦」だけだ。この括弧書きについては統計表の欄外に注釈が加えられている。

「括弧内ハ舊露（白系）人ノ外書ニシテ無国籍者ナリ」とある。

「舊」は旧。「露（白系）人」とはロシア革命から逃れた「白系ロシア人」のことだ。神戸には白系ロシア人が385人いたのだ。これにはモスクの建設に尽力したタタールの人々も含む。

田井玲子は、神戸の外国人の人口動態は常に世界情勢に左右されていたと指摘する[3]。日清戦争により中国人が、そして第一次世界大戦ではドイツ人が帰国した。1923（大正12）年の関東大震災の直後は関東圏の外国人が神戸に移り住んでいる。ロシア革命のあとは白系ロシア人が増えた。後に述べる、モスクの設計にかかわったスワガーが、チェコを離れたのもロシア革命が契機だった。

外国人は神戸の発展に欠かせない。その一方で、当局は彼らの動静に目を光らせていた。モスクが建てられる前年の1934年、神戸新聞紙面には当局による管理の強化が報じられていた。

　　在留外人の居住登録を整理　内務省の指示に従ひ　異人さんの街が続く——国際神戸にはいま県下を通じて約八千人の世界各国人が居住して華々しい国際商戦を展開している（略）最近日本観光の目的で来朝するものが激増した上、東京、横浜から神戸へ移ってきたまま居住登録を怠っているものが多い[4]。

これに対して県外事課は、英字新聞などを通じて外国人の滞在が九十日以上に及ぶ場合は、最寄りの警察署へ届け出るよう通告している。

実は、モスクが建てられた1935年頃は外国人社会にとっても転換点となった。先の『神戸市統計書』によると、神戸の在留外国人数はこの年が、戦前のピークとなった。この後の世界情勢の悪化で、この年以降は減少を示し1939年には約7300人にまで減少していったのだ。

多彩な営み

神戸での外国人の営みは、明治の頃から多彩だった。田井玲子の集成に

よると 1899（明治 32）年、圧倒的多数を占めるのが商店の雇い人、旅館業から雑貨商まで様々で英国人が多い。他にも、官吏、汽船会社関連、宣教師、土木技師、医師や弁護士、新聞発行人もいる[5]。宣教師や技師はアメリカ、医師はオランダやフランス等とある程度、国籍ごとに優勢な職種があったようだ。

そして外国人は様々な組織を立ち上げた。社交クラブや、同郷団体、商工会などだ。これにはキリスト教をはじめとする宗教団体もあった。彼らが神戸に持ち込んだ生活様式は幅が広かった。先の章にも見たとおり、六甲山系へのハイキングやレガッタ、ゴルフなどがあった。これらは徐々に好奇心のおう盛な市民にも浸透してゆく。

外国人の動静を伝えた英字新聞は、神戸開港とほぼ同時に発行されている。1868 年「ヒオゴ・アンド・オオサカ・ヘラルド」（Hiogo and Osaka Herald）が発行。その後、他紙との離合を経て「コウベ・クロニクル」、のちの「ジャパン・クロニクル」（Japan Chronicle）が 1891 年に刊行される。「コウベ・クロニクル」には小泉八雲（パトリック・ラフカディオ・ハーン）も在籍した[6]。

「ジャパン・クロニクル」の紙面は神戸の外国人社会を垣間見ることができ面白い。同紙は世界情勢にあわせて神戸港の出帆予定や、市中の事故等も報じた。広告にも時代風俗や流行がよく現れている。西洋人社会をとらえた記事が多いが、ひろくアジアの国際情勢や異文化を紹介する記事も充実している。同紙では、モスク完成の際には祝賀の模様も報じられていた。

「国際宗教都市」としての神戸

神戸は、わが国の屈指の港町、工業都市として急成長した。これに加えて、多様な信仰を持つ人々の往来、宗教的な多元性もこの街の歴史に奥行きをあたえ社会の成熟に寄与した。

関西学院大学キリスト教と文化研究センターによる論考『ミナト神戸の宗教とコミュニティー』では、神戸の宗教的多元性を論じ「多様な宗教が

共存してきた歴史、あるいはその背景にある各コミュニティーが発展してきた力動的な姿」が活写されている[7]。

同書は神戸は「国際宗教都市」としてもとらえられるのではないかと示唆している[8]。

神戸には、開港以前から神社や寺院があった。開港をきっかけとして、キリスト教、ユダヤ教、ヒンズー教、シーク教、ジャイナ教、そしてイスラーム教などの多彩な信徒の往来がはじまる。最初期には、信仰の拠点となる教会や寺院などの祈りの場はなくとも、信徒どうしが相互に暮しを支えあった。その後、外国人人口が増えるにつれて人々から礼拝所の設置が求められはじめる。

それぞれの信仰の場はどんな経緯で、神戸に設立されたのだろうか。

キリスト教の教会は、神戸の開港まもなく設立された。最初期のカトリック教会は1870（明治3）年に居留地の37番地に開かれた。プロテスタント教会は神戸ユニオン教会が1871年に設立。ロシア正教会が神戸に伝えられたのも古く1873年。ロシア革命の後の1921（大正10）年にはトアロードに教会堂が建てられている。外国人居留地を中心に相次いで建てられてゆく。

『神戸市統計書』によると、モスクが建設された1935（昭和10）年の時点で、キリスト教関連の「講義所及教会堂」は神戸市内に56か所、信者は日本人と外国人を併せて約10700人に及んだ。宣教師は67人。うち外国人は10人だった[9]。

神戸の在留外国人で最大規模を誇る中国人の往来も古い。神戸港から大陸を目指す人も多かったため神戸との結びつきは密接だった。彼らは居留地の西側に中華街の「南京町」をひらく。清と日本は通商条約を締結しなかったため外国人居留地内には居住できなかったのだ。

彼らは有志で1888年に関帝廟をひらいている。成功した華人の呉錦堂らが寄付し京都・宇治の萬福寺の末寺を移して再興したのだ。廟には関帝や観音、航海安全の神の媽祖がまつられた。呉錦堂は神戸中華同文学校の設立への寄付をはじめ地域へ大きく貢献した。神戸市西区と三木市にまた

がる農業用水を今も湛える「呉錦堂池」を築造するなどした。

ところが関帝廟は神戸大空襲で全焼。1977年には火災で本堂が焼けた。また1995（平成7）年の阪神・淡路大震災でも被害を受けた。それでも寄進によって再建されつづけた。神戸大空襲による焼失後もわずか3年で再建された。廟の建物は「中日折衷」で造られた。本堂は禅宗の影響を受けつつも中国風の建築になっている[10]。

神戸のインド系社会の信仰は多彩だ。ヒンドゥー教、シーク教、ジャイナ教など様々だ。この中でヒンドゥー教が多数を占める。一方で、ヒンドゥー教の信者も出身地ごとに信仰する対象などが異なるためさらに幅がある。このため個人での礼拝をはじめ様々な場で祈られてきた。

ヒンドゥー教の礼拝の場としてマンディール（寺）がある。ここで礼拝が行われヒンズーの神々が祭壇に祭られている。シーク教は1966年に、神戸シーク寺院が野崎通に設立された。神戸ジャイナ教寺院は1985年に落成している。白亜のジャイナ寺院はインドから取り寄せた大理石で建築されマハーヴィーラが祀られている。ジャイナ教徒は1960年代に真珠貿易で神戸にやってきた人々を第一世代とし、後に定住化したものだ[11]。

ユダヤ教徒の往来も早かった。礼拝所のシナゴークは1912年に市が建物登記を行っている[12]。ユダヤ社会は世界大戦など世界情勢の変化に翻弄され続けた。1917年のロシア革命により逃れたものが旧満州などを経由して神戸に至っている。このあと北米や欧州、中東などを経たユダヤ教徒も加わってゆく。1939年のナチスのポーランド侵攻等によるユダヤ迫害を受けた人々も神戸に逃れている。ただし、彼らが得た渡航条件では長期の日本滞在は可能ではなかった。そのため神戸でも次の行き先を探すことになる。

神戸に逃れたユダヤの人々の姿をとらえた写真が残る。1930年頃に大阪で設立された「丹平写真倶楽部」の写真家たちによる作品だ。1941年に撮影され「流氓ユダヤ」と題された。写真家らは世界情勢に翻弄されるユダヤの人々の姿をとらえた。倶楽部の中心だった安井仲治の写真「告示Ver.」には、壁に掲示された書面をのぞきこむ女性の姿が写る。「窓」と

題された写真には、室内から窓の外に射るような視線をおくる黒帽子の男がとらえられている。河野徹の「荷物」と題された写真。港での撮影だろうか。積み上げられた包やトランクを前に深刻な面持ちで話し合う人々[13]。

いずれの写真も、白黒の強いコントラストで表現されているからか、息がつまりそうな緊張感が支配する。そして「流氓」せざるを得ない人々の悲哀が映り込む。

安井仲治と、被写体となったユダヤの人とのあいだで、カメラ機材を通じてこんなやり取りがあった。

> ある一人は以前ライカを二台も所持して居たとかで乞ふままに安井氏はモデルになって撮らしたがパチリとシャッターの落ちる音を懐かしんで居る姿には憐愍を覚えホロリとなったさうである[14]。

こうした多彩な信仰を持つ人々の往来は、神戸の人々の精神生活にも浸透し深みをあたえてゆく。

賀川豊彦もモスクが建設された時代の神戸に生きた。明治末期の神戸のスラムは、わが国でも最大規模で困窮の度合いも深刻だった。賀川は神学校在学中から市内のスラムに住みこみ、キリスト教伝道をめざして困窮者への生活支援を行っていた。そこでの支援の経験がその後の賀川の原点になってゆく。賀川のとりくみは「救貧」「防貧」の仕組みを探求することにあった。労働組合を立ち上げ協同組合を興す。それらが後の生活協同組合の芽生えとなり、世界的にも協同組合の父として知られるようになる。「色々な市民運動を含めて、日本で運動と名のつく運動はほとんど賀川がその起源になっている」とも評されている[15]。

神戸のイスラーム教徒たち

こうして神戸の外国人社会は年々大きくなり定着し始める。しかし、それぞれの信仰毎の人口を正確に把握するのは容易ではない。一般に統計書にあらわれる外国人人口は国籍別で数えられるが信仰は計上されていない。また、一人ひとりの国籍と信仰する宗教は一致しない。世界のほとん

どの国や地域は多民族社会であって、それぞれその信仰は多様だ。国籍にしても、当時は英国をはじめ諸国が植民地を持ち、それぞれに永住や市民権を与えている。それに一人ひとりからみた国家や民族、信仰集団への帰属意識は一様ではない。

また統計には定められた期間以上を在留する人しか計上されない。神戸に滞在したのちに他所へ短期間で移り住んだ人物や一団が、たとえ歴史的な足跡を残していても統計には表れない。

神戸のイスラーム教徒の社会の動静とモスク建設までの経緯をとらえた、福田義昭氏による論考がある。「神戸モスク建立前史：昭和戦前・戦中期における在神ムスリム・コミュニティの形成」には、神戸のイスラーム教徒とその社会が詳細に分析されている。

福田氏によると、昭和の戦前期、わが国屈指の貿易港を有した神戸は、イスラーム教徒の数が国内でも最も多い都市だった。神戸モスクは、簡易の礼拝所を除き、わが国で最古かつ唯一現存するものと評している。そして、神戸モスクは国内外の信徒の寄付で建てられたことから「国策的文脈の中で日本の資金によって設立された（東京の）代々木モスクとは性格を異にする」（丸括弧内：筆者）と指摘する[16]。なお、東京でのモスク建設は早くからその計画があったが、完成は神戸モスクより3年後の1938（昭和13）年のことになる。

福田氏の調べによると、モスクが建立された時期の神戸には、インド、タタール、中東を系譜とするイスラーム教徒がいた。このほか、中国・満州国出身と東南アジア出身者、日本人イスラーム教徒もごく少数いたとみているが史料には表れていないとのことだ。

当時、タタール系は全国的に人口規模でみた場合、わが国のイスラーム教徒の社会で最大を誇った。しかし、神戸のイスラーム教徒の社会はタタール人のみで構成されるのではなく「民族的多様性を顕著な特徴としていた」と福田氏は指摘する[17]。

神戸のイスラーム教徒の社会は、多様な国籍や文化的背景を有する人々で構成されていたのだ。

インド系イスラーム教徒

インド系のイスラーム教徒は開港間もない頃から、神戸で貿易に従事していた。日本と英領であったインドの間のみならず、インド系が商っていた世界各地の都市との間でも多角的貿易を行った。航路で結ばれていた東南アジアの海港都市とも密接だった。

当時のインドは英領だった。英国の植民地は世界中に膨張していた。南アジア、東南アジア、オセアニアの多くの地域が英国の植民地支配を受けた。これらの植民地から英国本国へ流入する移民も増えている。後に英国での永住を選ぶ者もでる。また英領間での往来も増す。東南アジアには「リトルインディア」とも愛称される界隈を有する都市がありインド系の同胞がいる。

インド系の人口が、神戸で増加するのは 1923（大正 12）年の関東大震災をきっかけとする。当時、横浜には大きなインド系社会があったが、大震災後に神戸に移り住んできたのだ。モスクが建てられた年、神戸のインド系社会は 353 人でその後、600 人にまで増加する。福田氏は、磯辺通、磯上通にはインド系の商社がならび「インド村」「ボンベイ・タウン」などと呼ばれていたと指摘する。

ただし、この人口には、イスラーム教徒以外のインド系を含む。先にも見たとおり、インド系の信仰は、ヒンドゥー教、シーク教、ジャイナ教など多様だ。このため、神戸に在留したインド系のイスラーム教徒の人口を正確に把握するのは容易ではない。福田氏は各種の統計や報道を通じた分析で、当時の神戸のインド系人口のうち、およそ 3 分の 1 程度がイスラーム教徒ではないかと述べている[18]。

現在、市内の相楽園に移築された「ハッサム住宅」の元所有者、貿易商 J.K.ハッサム（J. K. Hassam）もインド系英国人だ。ハッサムは、居留地 118 番地に店舗を所有し、綿花、米穀、雑貨などの貿易を営んでいた[19]。ハッサム住宅は彼が 1902（明治 35）年に建てた邸宅だ。のちの 1939（昭和 14）年にこの邸宅は神戸モスクの所有になっている。この邸宅の由来は後の第 8 章でふれたい。

「印度教会」川西英「神戸百景」1936年より（神戸市立博物館所蔵
Photo：Kobe City Museum / DNP artcom）

ハッサムをはじめとして、彼らは国境を軽々と越え世界の港町をわたり歩いたのだ。

「印度教会」と「回教寺院」
　興味深いのは地元からの、神戸のイスラーム教徒に対するまなざしだ。インド系の人口規模が大きいこともあってか、彼らの存在は大きくとらえられることがあったようだ。
　神戸モスクは完成以降、様々な写真や絵画の被写体としてとらえられた。その中には、モスクを「印度教会」と描いたものもある。
　美術作家の川西英による『神戸百景』は、神戸の日常風景を余すことなくとらえ、現在も市民に親しまれている。川西は家業の回船問屋や郵便局に勤務しつつ神戸の風景を主題とした版画や絵画作品を多く創作。神戸の街をくまなく歩いた。「自分に師があったとすれば、それは神戸だ」とさえ述べ、神戸の街を愛した。

川西は『神戸百景』と題した一連の作品を、それぞれ戦前と戦後に残している。その双方に、神戸モスクをとらえた作品があった。
　戦前のものは1933（昭和8）年から3年をかけて制作された。完成後、大丸デパートで「川西英氏 神戸百景 版画展」を開いている。興味深いのは、モスクをとらえた版画の表題が「印度教会」とされていることだ。この「印度教会」の解説文には「トーア・ロードの東、山手線の北、一寸寄ったところにある。基督教会堂の多い中にこれは特異な存在。屋上の三日月型も目につく」とある[20]。
　一方、戦後に川西が制作した『新・神戸百景』にもモスクがある。ところが、こちらの表題は「回教寺院」にあらためられている。その構図は、戦前の「印度教会」よりもドームの形とミナレットの高さが強調されている[21]。
　百貨店での展覧会では、作品は多くの人々の目に留まったはずだ。それでも戦前の『神戸百景』では「印度教会」と題され図録にも掲載されている。この頃のイスラーム教徒への市民のまなざし、そこでのインド系社会の存在の大きさを表しているのではないか。
　しかしこれも永らくは続かなかった。神戸のインド系の人口は、第二次世界大戦の開戦前には急減していった。

タタール系イスラーム教徒

　戦前のわが国のイスラーム教徒のなかで、多数を占めたのがタタールの人々だった。
　統計上は、先にみた『神戸市統計書』に記されていた「舊露（白系）人」すなわち「白系ロシア人」に主に計上された人々のことだ。白系ロシア人そしてタタール系とはどんな系譜をもつ人たちなのだろう。まず、白系ロシア人からみてみたい。中西雄二はこう解説する。

　　白系ロシア人とは、1917（大正6）年のロシア革命に反対してソビエト政権の赤軍に対抗する白軍に参加、またはそれを支持した人々のことを指す。ソビエト政権の確立に伴って彼らの多くは国外に亡命し、

革命後5年間で200万もの人々が世界各地へと拡散するに至った[22]。
　ここで留意が必要なのは、「タタール」とは統計上の国籍とは一致しないことだ。タタール系の暮らす土地は国境をこえ広大だ。それは東欧からシベリアにもおよんだ。加えて、タタールは多様な民族集団の総称であって、さらに小さな民族集団で構成される。また自らの民族集団への帰属意識も多様。鴨沢巌は1980年代前半、在日のタタールの人々は、自分たちのことをカザン・トルコ人と呼んでいることを記している[23]。
　では、タタールの人々はロシア革命を契機にどのようにして極東の神戸にまでたどり着いたのか。シベリア鉄道は1904（明治37）年に開通している。この大鉄路の建設では神戸モスクの設計に携わるスワガーも働いている。また東清鉄道も開通している。タタールの人々はこれを通じて極東と往来し、皮革や繊維製品を商っていた。しかしロシア革命により彼らは満州や朝鮮半島へ移住しはじめる。後にその一部が日本にまで行き先を求めるのだ。彼らの極東へむかう足跡は、のちにモスクの設計に携わったスワガーともかさなる。
　ただし神戸にどの程度の規模のタタール系人口があったのか、確定は容易ではない。当時の日本全国でのタタール系人口とされるのが約400から600人。福田氏による分析でも、神戸のタタール系の人口は不詳とせざるを得ないとする。それでも「1930年代から終戦にかけて、最大でも200人を超えることはなかった可能性が高い」とみている[24]。時期的な変動では、渡辺賢一郎は「ある程度のまとまった集住は、神戸モスク建設が計画された1928（昭和3）年より後のこととなる」と指摘している[25]。
　タタールの人々は、しばしばタタール・ディアスポラとも呼ばれた。
　ディアスポラ。すなわち祖国から離散した人々。彼らが日本を選んだ理由の一つに、親日感もあったとされる。しかし日本での暮らしは易しくはなかった。彼らは零細な商人が多かったのか、紳士録や商工会の名簿などにもその足跡は現れない。
　タタールの人々はラシャなどの服地を大阪の谷町等の問屋から仕入れて全国に売り歩く[26]。行商の日々は不安定で、しばしば客からも猜疑をもっ

てとらえられていた。中西雄二は、当時の新聞広告に注目し「日本社会と白系ロシア人との間には軋礫が早い段階から存在していた」と見る。大阪毎日新聞に大阪や関西の洋服の業界団体の連名による「急告」が記されていた。

　　洋服需要者に急告　◇近頃露国人と称し洋服地を各地に行商し　◇需要者が知識眼なきに附込み法外の高価を以て販売し　◇相手が外国人たるが故に盲信して粗悪品を買い取り迷惑されたる需要者多数ありと認めたり此に需要者各位に警告す[27]

　彼らのさらなる困難は、国籍の取り扱いだった。

　日本政府がソビエト政権を承認した1925（大正14）年以降、白系ロシアの人々は「無国籍」者としてあつかわれている。統計書に「舊」、旧と書かれているのはその所以だ。故郷を離れ、国籍が不確実なままの不安さは想像にあまりある。そして彼らは流転を強いられ多くはさらに新天地を求めてゆく。

　それでも、人々は故郷の地縁をもとに共に支え合った。読売新聞に東京に住む彼らの暮らしぶりをとらえた記事があった。生活苦の中で新年の祝賀を楽しむ様子だ。記事のとおり彼らは「さすらい人」だった……。

　　さすらひ人にも新春の喜び　ロシヤ亡命回教徒の祝賀会　はかなき漂泊の旅を続ける事十年、革命のロシヤを逃れて日本へ亡命中の八百名の回教徒達にも新春の喜びはくまなく訪れる（中略）。日頃はロシヤ雑貨を売り歩いて生活苦に戦い疲れた人々も今日ばかりは喜びに浮かれて会する者三百余名（略）[28]。

　貧しく不安定ながらも、タタール系社会からはわが国のイスラーム教徒を主導する人物も出ている。この結束はモスク建設にむけた弾みになった。神戸でも1927（昭和2）年に「神戸トルコ・タタール協會」が設立。おって1934年には同会は「神戸イデル・ウラル・トルコ・タタール文化協會」に再編された。東京、名古屋、朝鮮半島にあった団体の連合会の本部となる[29]。

　ただし日本に暮らしたタタールの人々も一枚板ではなかった。タタール

の人々の暮らす地域は広大だ。故郷の出身地のちがいと政治情勢への姿勢の違いは日本国内でも派閥を生みだした。渡辺賢一郎はこの情況を「故郷での対立図式を移民先の社会におけるコミュニティ形成時にも持ち越したことになる」とみる。そして「実は双方ともに他派を『赤露の手先』として誹謗していた」のだと指摘する[30]。

大きくはイスハキー派とクルバンガリー派と呼ばれた2派が形成された。前者は神戸に、そして後者は東京に本拠を置いていた。1934年に両派は東京で開催された講演会で鉢合せする。その際に小競り合いも起きている。このこともあって彼らの動静はわが国の治安当局にも逐一把握されていた。

両派の間で相互に駆け引きもあった。吉田達矢の調べによると、神戸のタタール系社会のイスハキー派は関係者を名古屋のタタール系社会に派遣。自らの勢力との協調を働きかけたことが確認されている[31]。東西に派閥が分立する構図は、逆に神戸を中心とした西日本のタタール系社会の結束の強化にも作用したという。

神戸からのイスラーム世界へのまなざし

神戸のイスラームコミュニティーはさらに多様だった。インド、タタールに次いで第三の人口規模を誇ったのが、トルコやイランなどの中東諸国からの出身者、アラブ系の人たちだ。

彼らは貿易商として神戸に在留した。福田氏の分析によると、モスクが建てられた1935(昭和10)年に兵庫県内の中東諸国出身者は合計で90名。シリア33、イラク31、エジプト21、トルコ5人と続く[32]。兵庫県には全国的にみてもっとも多くの中東出身者が在留していた。このほとんどが神戸に暮らしていた。

一方で、トルコ国籍者には先に見た様にタタール系の人々も含まれていた。また中東諸国出身者にはイスラーム以外の信仰を持つ人々、ユダヤやキリスト教徒も含まれる。こうなると中東諸国を出身とするイスラーム教徒の人口を正確に把握することはさらに難しい。

それでも、当時はエジプト領事館が神戸にあり、これはエジプト国籍者だけではなく信仰上の同胞としてのイスラーム教徒たちの物心ともに支えとなっていた。モスク建設で彼らの果たした役割も大きかった。

このころには、神戸でもイスラーム世界への関心が高まっていた。

貿易を通じて、世界を理解する必然性が年々高まっている。新聞紙面でメッカ巡礼者の姿もとらえられている。東京朝日新聞の1935年5月の紙面には「日本人として初めてメッカ」に至った4人が「アラビヤ服」をまとい、欧州航路の伏見丸で神戸に帰国したと報じている[33]。

イスラーム世界への関心は、世界大戦期のわが国のナショナリズムの昂りと経済界の要請も作用した。

モスクが竣工し祝賀会が開催された1935年10月11日には、佐久間貞次郎の講演会もあった。佐久間はこの日のモスクの祝賀会にも参席している。神戸新聞の記事によると佐久間の肩書きは「外務省嘱託」。講演会は神戸貿易同志会の主催で、演題は「回教及回教民族と日本の進路」だった。

佐久間は講演で、わが国とイスラーム世界との関係強化の必然性をうたいあげる。

> 日本は明治維新以来欧米文化の吸収に専念し回教には全く無関心で回教民族との接触はなかったが今や到る処密接なる関係を持ち直接交渉による接触時代が来たり我々の視野及関心から除外出来ないこととなった。

新聞記事は講演の要約のため、佐久間と聴衆の息遣い、会場の熱気を感じることはできない。

それでもイスラーム世界とより密接になる事には、神戸の政財界の期待もあったようだ。佐久間は講演で「日本商品の海外進出」と「商品の取引」をとらえている。国際貿易港を抱え、さらなる経済成長を狙う神戸の政財界は、佐久間の講演をあつくみただろう。

> 即ち日本商品の海外進出と共に回教徒との関係も密を加えたが回教徒は他の何等かの国家により制圧されているため商品の取引上少からざる障碍があり（略）この際官民共に彼等の一挙手一投足に注意を払う

ことによりその認識を深めると共に今後に対し善処する所あらねばならぬ[34]。

ところで、この「外務省嘱託」の佐久間貞次郎とはどんな人物だったのか。佐久間は1920年代にイスラーム教に改宗している。3年間にわたりタタールの地を含め中央アジアを踏査している。松本ますみは指摘する。佐久間は「国権派アジア主義者」として日本の導きがアジア全体の発展に寄与すると信じていた。そして彼の人物像は「支那浪人上がり」。その立ち位置は必ずしもアジア諸国のイスラーム世界に寄り添うものではなかったのだと[35]。日本の国力増強と各国での「市場」拡大を重視していた。彼の神戸での講演もまさしくその論調に終始したのだ。

確かに神戸の外国人の人口も貿易額も順調に伸びている。しかし世界情勢の不穏さは、港を通じて世界に直結し、海運と造船を誇る神戸の街にも伝わり始めている。

街を往来する外国人も日本人も、それぞれの事情をかかえて神戸に暮らしている。

神戸にたどり着いた事情も異なれば、神戸の人々の受け止めも様々だった。神戸に新天地を求めた人々……商機をみた人、国を追われた人、信仰の光をみた人、政治に機をとらえた人、大陸へ船出する人、シャッターチャンスを狙う人……港町の光と陰。

無数の人々が神戸の雑踏に交錯した。

注
1 田井玲子、2013、既出、p.78。
2 神戸市、1942『神戸市統計書、昭和17年』神戸市、p.1-152、表19。警察部外事課による集計。
3 田井玲子、2013、既出、p.79。
4 神戸新聞「在留外人の居住登録を整理 内務省の指示に従ひ」1934.11.15。
5 田井玲子、2013、既出、p.79。大阪朝日新聞、1899年7月17日を参照。
6 同前、p.139。小泉八雲(ラフカディオ・ハーン)は1894年から2年間「コウベ・クロニクル」で論説を担当。

7 関西学院大学キリスト教と文化研究センター、2013『ミナト神戸の宗教とコミュニティー』のじぎく文庫、神戸新聞総合出版センター、p.1。
8 山本俊正、2013「第二章 地域に生きる神社を求めて」、同前書、pp.77-78。
9 神戸市、1942、既出、p.3-8、表5より。
10 徐亦猛、2013「第四章 華僑社会と宗教」、関西学院大学キリスト教と文化研究センター、既出、pp.130-131。
11 村瀬義史、2013「第五章 インド人コミュニティーと宗教」、同前書、pp.145-146、p.152。
12 畠山保男、2013「第六章 ユダヤ人コミュニティーと神戸シナゴーク」、同前書、pp.198-201。
13 兵庫県立美術館、2010、既出、pp.91-92（所蔵：東京都写真美術館、兵庫県立美術館寄託）。
14 小林公、2010「流氓ユダヤ 戦時の群像、神戸の記憶」、同前書、p.104。
15 栗林輝夫、2013「第九章 賀川豊彦と賀川記念館 もう一つのキリスト教」、関西学院大学キリスト教と文化研究センター、既出、pp.275-276。
16 福田義昭、2008「神戸モスク建立前史：昭和戦前・戦中期における在神ムスリム・コミュニティの形成」、臼杵陽（研究代表）『日本・イスラーム関係のデータベース構築──戦前期回教研究から中東イスラーム地域研究への展開』科学研究費補助金基盤研究A報告書、pp.23-24。
17 同前、p.24。
18 同前、p.28。
19 神戸市建築局営繕第一課（編）、1963「重要文化財旧ハッサム住宅修理工事報告書」神戸市教育委員会、p.1。
20 川西英「印度教会」1936.4.25制作（所蔵：神戸市立博物館）。神戸市立博物館、神戸新聞社、2001『特別展 川西英の新・旧「神戸百景」川西祐三郎作品とともにたどる20世紀の神戸の姿』神戸市立博物館、p.55。
21 川西英「回教寺院」1952年〜1953年頃制作、同前書、p.83。
22 中西雄二、2004「神戸における白系ロシア人社会の生成と衰退」人文地理56巻6号、p.93。
23 鴨沢巌、1982「在日タタール人についての記録（一）」法政大学文学部紀要（28）、p.28。
24 福田義昭、2008、既出、p.34。
25 渡辺賢一郎、2006「戦前期の神戸におけるタタール人の集住と活動 移民・コミュニティ・ネットワーク」東洋大学人間科学総合研究所紀要（5）、p.198（55）。

26 鴨沢巌、1983「在日タタール人についての記録（二）」法政大学文学部紀要（29）、p.274。
27 中西雄二、2004、既出、pp.100-101。大阪毎日新聞1922.3.16.掲載広告より。
28 読売新聞「さすらひ人にも新春の喜び　ロシヤ亡命回教徒の祝賀会」1930.1.5。
29 中西雄二、2004、既出、p.99。
30 渡辺賢一郎、2006、既出、pp.62-63。
31 吉田達矢、2013「戦前期の名古屋におけるタタール人の諸相（2）――名古屋回教徒団とイデル・ウラル・トルコ・タタール文化協会名古屋支部の活動を中心に」名古屋学院大学論集、人文・自然科学篇、50巻1号、p.18。
32 福田義昭、2008、既出、p.42。
33 東京朝日新聞「メッカから帰る」1935.5.19。
34 神戸新聞「世界的新勢力　回教に注目せよ」1935.10.12。
35 松本ますみ、2009「佐久間貞次郎の対中国イスラーム工作と上海ムスリム――あるアジア主義者をめぐる考察」上智アジア学（27）、p.118、p.128。

第3章　始動——モスク建設にむけて

2冊の記念誌

　神戸モスクの建設の経緯が記されたモスクの人たちによる記念誌が2冊のこされている。

　1冊目は、モスクが完成してすぐの1935（昭和10）年10月に発行された。『神戸ムスリムモスク：神戸ムスリムモスク開堂祝賀会記念冊子』（邦題：筆者訳）（*The Kobe Muslim Mosque: A Souvenir Booklet Issued in Commemoration of the Opening Ceremony of The Kobe Muslim Mosque*）だ。これはすべてが英文もしくはアラビア語で書かれている。

　2冊目は、モスクの完成の翌年1936年4月30日に発行された。『神戸モスリムモスク報告書1935-6年』（*The Kobe Muslim Mosque Report 1935-6*）だ。大半は英語とアラビア語での記載だが、この冊子はタイトルを含め、若干の日本語の部分がまじる。

　一見して似たような2冊の記念誌なのだが、性格が異なる。

　前者は、モスク建設の経緯とその完成への祝辞やイスラーム教についての寄稿が主だ。それに対して後者は、モスク建設への寄付金額やその使途、建設費に関する内訳が記載されている。後者はより実務的だ。

　いずれの冊子も、モスクを建設した当事者である「神戸ムスリムモスク理事会」によって発行されている意味でも貴重だ。特に後者は、建築物としてモスクがどのように計画され建てられたのかを知る上でも重要だ。

　これにあわせて、各種の公文書や新聞報道などを読む。そうすると、建物としてのモスクと、それを建てようとした人々の奮闘の軌跡がより立体的にみえてきそうだ。

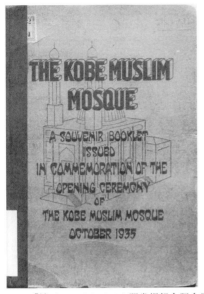
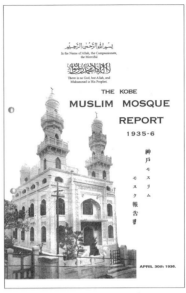

『神戸ムスリムモスク開堂祝賀会記念冊子』(左、国立国会図書館所蔵)と『神戸モスリムモスク報告書1935-6年』(神戸ムスリムモスク所蔵)

『神戸ムスリムモスク開堂祝賀会記念冊子』

まずは、1冊目の『開堂祝賀会記念冊子』をみる。

これの冒頭には建設に至る経緯が記されている。モスク建設の背景として、神戸でイスラーム教徒の人口が増加し、彼らが信仰の場を設けたいという機運が高まった。冊子には、モスク建立のきっかけが以下のように記されている。

> ロシアからは多くのトルコ・タタールの人々が神戸に到着した。彼らは祖国の宗教的な不寛容さから逃れて、寛容な日本に居場所を求めてやってきた。その後、トルコ・タタールの人々と、イスラーム教徒のインド人の間は、その後、まもなくモスク理事会に参画することとなるG.ガファーの尽力でとりもたれた[1]。

建設に向けた動きが本格化するのは1928(昭和3)年で、M.A.K.ボチアが来日し彼の呼びかけで寄付が始まった。ボチアはインド系英国人で

貿易商を営んでいた。

　この冊子の発行時点で、寄付金は7万6千円に達したと記されている。

　主にはインド系の寄付者によるものが大きかった。フェロズディンの3万9千円をはじめとして多くの賛同を得た。またタタールの人々からの寄付も多数あったと記されている。寄付金は日本国内のみならず、海外からも寄せられた。

　寄付は『開堂祝賀会記念冊子』が発行された後もつづいた。1年後に刊行された『モスク報告書1935-6年』では総額で約12万円と大幅に増えている。このほか、建立に尽力した人物として、V.ノーモハメッドがモスク建設における施主側の監理者として名があげられている。冊子にはこの他、内外のイスラーム教団体関係者や学識者による昨今のイスラームや日本をめぐる情勢についての論考が記されている。

『神戸モスリムモスク報告書　1935-6年』

　2冊目は『モスク報告書1935-6年』だ。

　冒頭、日本語で「慈悲に富み恵み深い神の御名において」とあり「建立の最後的報告に兼ねて一九三六年三月末日までの会計報告を致します。」と述べられている。この冊子には、最終的な寄付の詳細と建設関連の支出の詳細が記載されている[2]。

　まずは寄付金をみる。寄付総額は約12万円に達した。

　そのうち6万6千円はフェロズディンが寄せたものだ。寄付者リストには100名を超す寄付者の名前が並ぶ。そのうち、1934年時点でボンベイとラングーンでそれぞれに集められた現地通貨建ての寄付金がある。また「海峡植民地」で集められたものも計上されている。海峡植民地とは、19世紀以降、英国の植民地支配を受けたマレー半島（現在のマレーシアとシンガポール）の拠点都市を指す。海上交通の要衝であるマラッカ海峡に面した、ペナン、マラッカ、シンガポールの3都市だった。いずれも有数の海港都市で歴史的に多くのインド系やイスラーム教徒が往来していた。

　これらの海峡植民地からの寄付金はS.A.アハマッドに託された。しか

し彼は帰国後、モスクの完成をみることなく逝去する。このことへの謝辞が寄付者リストにも特記されている。

この寄付者のリストを見ていると、モスクは神戸や西日本の信徒からの寄付のみで建てられたのではないことがわかる。そして法人も個人もそれぞれが寄付をつづけたのだ。

そして別の表には、モスク建設における支出が記されている。

まずは、土地については約1万5千円。これには登記費用やレンガ塀の工事費を含む。そして建築費に合計で約5万9千円。これには別棟で木造の「学校校舎」も含まれる。別途に設計料1千円とも記されている。ここには「竹中工務店による建設」と書かれている。なお、ここにはモスクを設計したとされるスワガーの名前はない。

次いで「モスクハウス」と書かれている項目で、これはモスクの所有する不動産だ。これの購入に約1万4千円。収入の部には、このモスクハウスの家賃の前払い金の収入があったとも書かれている。このほか、家具や燃料費、また免税措置に対する法務手続き費用や繰越金をふくめ総額で約12万円。

この12万円は、現在の価値に換算するとどの程度の金額になるのだろうか。

貨幣価値の比較には、様々な方法がある。昭和初期の価値と比して、現在のものは1万倍や5千倍になるなどの説がある。一方で、それの約2千倍で推定する方法が一般的だとも言われている。

仮に2千倍にする方法をもとに現在の価値に換算すると、総額で2.4億円。モスク建物と学校校舎の建築費は約6万円なので1.2億円前後となる。

ちなみにモスクの7年前に建てられた「国立移民収容所」の建築費は24万円弱だ[3]。建築費ベースで、おおよそモスクの約4倍。もっとも規模も用途も地盤などの建築条件も異なる。「国立移民収容所」は4階建て。床面積ではモスクの約8倍も大きい。それにこちらは公共事業だ。

この時期の建設物価の情勢も考慮する必要があろうが、特殊な装飾の施

神戸ムスリムモスク評議員会。左から3人目マスター（代表）、4人目イマム（礼拝の導師）、5人目フェロズディン（『開堂祝賀会記念冊子』国立国会図書館所蔵）

工が必要なモスクには応分の建築費がかかったのではないか。ちなみに現在、同じ建物を再建しようとすると「3、40億円」の金額がかかるとの説もある[4]。いずれにしても、異国に身を寄せ合った信徒たちが、寄付でなし遂げるには大事業だっただろう。

そして『モスク報告書1935-6年』で注目すべき点は、財務状況は良好だと述べられている事だ。所有する不動産などからの賃貸収入もあって、モスクの将来にわたる維持管理には支障がないと謳われている。「当モスクの経常費は寺有財産収入に依って十分支弁され、従ってモスクの名に依る寄附金募集並に醵金は一切行はない」と記されていた[5]。

外務省文書にもモスク完成後に設立された「神戸ムスリム・モスク維持財団」について記された規約がのこされていた[6]。

これによると、財団の設立の目的は「礼拝所を設置し之を維持」し、教室では有志の子弟に「宗教教育を授け」る等を目的とかかげている。そして財産としてモスクを含めて6件の不動産を所有していると記されている。すべてがモスクの所在する中山手通と周辺にあって「西洋造」の住宅や附属家、納屋だ。うち1件は戦後、建物が市に寄付され相楽園内に移築

される「ハッサム住宅」だ。

　モスクは建設当初から、財務や運営面でも備えが万全だった。建設の時点から将来の維持管理に必要になる財源を、不動産の賃貸収入等でまかなう計画だったのだ。建物の計画だけではなく、財務的にも的確な検討がされていたのだ。

　これらのモスクの財政的な安定性は建物を持続的に維持管理し、神戸空襲や阪神・淡路大震災からも奇跡的に生き延びた事にも寄与したのだろう。それとともに戦後の高度経済成長期に周辺地区が著しい開発を受けながらも神戸モスクが今日まで輝き続けることができた理由ではないか。

　神戸モスクではこれらの財産はワクフと呼ばれ、モスクの維持管理に活用されている。ただし、これらの6か所の物件も、戦後には建物の老朽化や震災などをきっかけとした除却で、現在は3か所になっている。

　現在、神戸モスクに礼拝に来る人たちの間でも、当時の理事会の先見の明が讃えられている。創建時に建物としてのモスクを建てるだけではなく、後年にわたって維持を可能にする仕組みをも盛り込んだのだから。

　こうした信徒の人々の奮闘によって、モスクの建設に向けた資金のめどが立った。

「むしろ彼等の宿望を達成せしめ」

　建物の新築には当局への申請が必要だ。この際に、建築許可を所轄した兵庫県と国との間でこんなやり取りがあったという。

　福田義昭氏の論考[7]でも参照されている、兵庫県知事から、内務大臣ら関係閣僚に宛てた文書「在神回教徒團ノ寺院建設ニ関スル件」[8]にその経緯が記されている。

　兵庫県は、モスク建立の前年1934（昭和9）年4月に施主である「回教礼拝堂建立実行委員会」[9]の委員長ボチヤより建築の「出願」を受け付けた。ここには計画中のモスクの建物の構造、階数、面積などの詳細が記されていた。

　これをもとに県知事は文部大臣ら関係閣僚に、モスク建設計画の是非に

ついて伺いをかける。その後、兵庫県知事は国から以下のような内容の通知を受けた。

> 回教寺院建立の出願ありたるを以て之が取扱い方に関し文相（貴官）に稟伺せし処、明治三十二年七月内務省令第四十一号に依り許否すべき限りに非ざる旨のご指示あり

この国から県にむけた、モスク建設を「許否すべき限りに非ず」との回答は、何を意味したのか。

当時はイスラーム教の国内での位置づけが確かではなかった。「本教（イスラーム教）は我国内に於て未だ行政上宗教としての処遇を受けず類似宗教として取扱うべきものと認められ」（丸括弧内追記：筆者）たからだ。さらに文書はこう続く。

> 宗教としての処遇規程なきの故を以て之を阻止すべき何等の事由存せざるのみならず、外国人保護取締の見地よりして寧ろ彼等の宿望を達成せしめ之を指導取締を為すは妥当なる処置なりとみとめ審査のうえ（略）建築許可を与えたる。

むしろ信徒の人たちのモスクを建てたいという「宿望」を認め、そのうえで当局が「指導取締」を行うほうが有意だとの見解だ。この判断は、単なる建築物の法的適合や技術的確認にのみ依るものではない。

このあたりは、完成後のモスク理事会でも意識されていたようだ。先の『モスク報告書1935-6年』には冒頭に「天皇陛下の聖恩宏大にして外国人にまであまねくその領土に於いて信仰の自由を賜りましたことに対し、謹んで御礼申し上げる次第でございます」と述べられている[10]。

そのうえでモスク理事会からは、今後もイスラーム教の公認にもとりくむ旨、提起されていた。

> イスラム教は日本では公認宗教でないからキリスト教その他公認宗教同様の特典を受けることが出来ません。我々は日本政府がこの宗教をよく理解するよう極力奔走する覚悟であります。（略）全日本のイスラム教徒を代表し、あくまでたゆまず力を合せあらゆる難関を乗り越えて目的貫徹へ邁進する考えです[11]。

報道されたモスクの定礎式と模型（『神戸又新日報』1934年12月1日）

> 港神戸の國際色に 新らしい一筆
> きのふ回教寺院の定礎式
>
> みなと神戸の國際色に新らしく一筆描き添へる異風景、アラーの神を稱へるライフイ教の寺院が日本にもはじめて、神戸の山手街に礎石をおろした。在留インド人、トルコタタール系舊ロシア人ら回教徒はこれまで魂の安息所や社交場を持たなかったが、宗教を中心に相寄る心が、ひとつのことになり、資金やたいかとふところ、資金や敷地の選定など着々具體的な準備をすすめてゐたところ、許可もさがりプランも出來て三十
>
> ◇…神戸にはじめて建つ回教寺院の模型
>
> 場所は神戸中山手通二丁目一七目出度く定礎式を行つた
> で神戸モスリムモスクと命名、

その後、彼らは公認を目指して国にも陳情に出かけている。

1939年、神戸モスクの理事会会長のマスターは、10人余りとともに上京。衆議院副議長や文部大臣に面会し「回教明文化」を陳情している。新聞報道によると「日本をアジアの盟主と頼む世界五億の回教徒の為是非宗教団体法案中に仏教、キリスト教と同じく回教を明記してもらいたい」との嘆願書を提出している。文部大臣は流暢なロシア語で「善処」を約束し、一団は大いに喜んだと報じられた[12]。

定礎式

いよいよモスク建設への準備が整った。

本格着工に先立ち、1934（昭和9）年11月30日、定礎式が行われる。建物の礎を据える大切な儀。鍬入はモスクの建設に尽力したボチアの手でとり行われた。晴やかな定礎式。これを報じた神戸又新日報の表題も明るかった。

　　港神戸の国際色に　新らしい一筆　きのふ回教寺院の定礎式　みなと神戸の国際色に新らしく一筆描き添へる異風景、アラーの神を稱へる

ラマダン(断食月)明けの「イード」礼拝後の集合写真。定礎式が終わり完成をめざす頃。1935年3月撮影(『開堂祝賀会記念冊子』国立国会図書館所蔵)

フイフイ教の寺院が日本にもはじめて、神戸の山手街に礎石をおろした、在留インド人、トルコタタール系舊ロシア人ら回教徒はこれまで魂の安息所や社交場を持たなかつたが、宗教を中心に相寄る心が、ひとつわれらのお寺を建てて力を併せ仲良くやらうぢやないかといふことになり、資金の調達や敷地の選定など着々具體的な準備を進めていたところ、許可もさがりプランも出来て三十日目出度く定礎式をおこなつた[13]。

この記事には、モスクの建物模型の写真が掲載されている[14]。この写真は、今に残る唯一の模型写真で、同じものが翌年春の読売新聞や、中外日報の小記事にも掲載されている[15]。いずれも紙面の写真は解像度が低い。そのため建物の細部は読み取れないが、概ねの形を見ることができる。

新聞に掲載された写真の模型は、完成したモスクとは若干形がことなるようだ。ミナレットは前面に2本あるが背の高さがより高く、南側の低い小塔はない。またドームの形も扁平に見える。紙面編集の段階で模型写真の縦横比率が調整されたかもしれないが、いずれにしても背が高い。一方で、玄関口の形は現在のものに似ている。

この定礎式の模様は遠くトルコでも報じられた。トルコの新聞「ソン・ポスタ」紙に掲載された記事の概要は、トルコ日本大使（臨時代理）から外務大臣・広田弘毅に報告されている[16]。この記事にはこのモスクが日本で最初のものであり「トルコおよび回教文化を極東に据え日本との親善関係に寄与する」と記され「千人の礼拝者」を収容できると報じている。この記事には先の神戸又新日報等の記事に付されたものと同じ模型写真が付されている。

神戸モスクが建てられるより前に日本にモスクはなかった。

いくら外国の風物になれた神戸市民とはいえ新聞に掲載された「回教寺院」の模型写真に読者の眼は釘付けになったのではないだろうか。

注

1　Kobe Muslim Mosque, 1935, *The Kobe Muslim Mosque: A Souvenir Booklet Issued in Commemoration of the Opening Ceremony of The Kobe Muslim Mosque*, October 1935. p.4. なお、本文中の表題や引用文の和訳は筆者による。注2の文献も同様。

2　Kobe Muslim Mosque, 1936, *The Kobe Muslim Mosque Report 1935-6*. pp.12-13, pp.20-21. なお、和文表題でのモスリムとの表記は出典に準じた。

3　海外移住と文化の交流センター「展示パネル：移民収容所建築工事概要・昭和3年3月7日、兵庫県」（閲覧日：2015.3.11）。

4　神戸市のウエブサイトでは「現在同じものを再建しようとすると3、40億円かかるといわれています」と紹介されている。神戸市住宅都市局ウエブサイト「神戸ムスリムモスク（神戸建築物語、第3回北野異人館物語、北野を物語る建築たち）」http://www.city.kobe.lg.jp/culture/culture/enterprise/monogatari/kitano/index3.html（最終更新日 2012.12.24、閲覧日：2015.11.30）

5　Kobe Muslim Mosque, 1936, op.cit., p.7.

6　外務省記録「在神戸回教寺院ニ関スル件」昭和13年5月5日起草「JACAR（アジア歴史資料センター） Ref.B04012533500、本邦ニ於ケル宗教及布教関係雑件／回教関係 第二巻（I-2-1-0-1_2_002）（外務省外交史料館）」。

7　福田義昭、2011、既出、p.47 (98)。

8　外務省記録「在神回教徒團ノ寺院建設ニ関スル件」兵庫県知事発、内務・外務・文部大臣他宛文書、昭和9年11月27日付「JACAR（アジア歴史資料セン

ター）Ref.B04012533000、本邦ニ於ケル宗教及布教関係雑件／回教関係 第一巻（I-2-1-0-1_2_001）（外務省外交史料館）」。

9　公文書では、モスク建立の施主となった信徒の集団に様々な呼称が用いられている。例えば、回教寺院建立委員会、回々教寺院建立委員会などだ。本書では、建築の経緯をたどる際に最も多く参照した公文書（外務省記録「在神回教徒團ノ寺院建設ニ関スル件」昭和9年11月27日付）記載の「回教礼拝堂建立実行委員会」の呼称を用いつつ適宜「建立実行委員会」と略称のうえ記述した。

10　Kobe Muslim Mosque, 1936, op.cit., p.7.

11　Ibid., p.7.

12　東京朝日新聞「回教の代表上京」1939.3.11。

13　神戸又新日報「港神戸の国際色に　新らしい一筆　きのふ回教寺院の定礎式」1934.12.1。

14　同前、写真表題：神戸にはじめて建つ回教寺院の模型。

15　読売新聞「風聞帳」1935.3.19。中外日報「吾国最初の回教寺院」1935.5.21。

16　外務省記録「神戸ニ於ケル回教寺院建設ニ関スル新聞記事通報ノ件」在土耳臨時代理大使発、外務大臣宛文書、昭和10年2月4日付「JACAR（アジア歴史資料センター）Ref.B04012533000、本邦ニ於ケル宗教及布教関係雑件／回教関係 第一巻（I-2-1-0-1_2_001）（外務省外交史料館）」。

第4章　建築家——ヤン・ヨセフ・スワガー

日本初のモスクを設計すること

　モスク建設にむけた目途がついた。もっとも、建築はこれからが本番。工事の見積もりや契約、当局への各種申請。建物の間取りや構造などの設計。設備機器の確定。細部意匠や材質、仕上げの色彩の確認。什器の選定など。施主も工事関係者も作業は山積。

　施主にとっては、もっとも忙しくなる時期だろう。同時に夢の実現にむけて胸躍るときかもしれない。

　さて、現在まで、神戸モスクを訪れる人の間でもモスクを誰がどのようにして設計したのかについて、様々な説が語りつがれてきた。たとえば近年までモスク理事会の理事長を永年つとめた新井アハサンさんの回想でも、少なくとも1980年代当時は「モスクの建築図面は設計した人がインドから持ってきた。それを竹中工務店が施工した」とモスクに集う人たちの間で語られていたという。またオムリ・ブージッドは、長い間「タージ・マハルをモデルにした」と考えられていたことを紹介している[1]。

　新井アハサンさんによると、これには、先の章でみたモスク建立に際して「インド人の寄付金が大勢を占めたことも影響している」とみる。そしてこの場所が選ばれた理由に、神戸の外国人とりわけ「イスラーム教徒の人たちが訪ねやすかったからだろう」とも言い伝えられてきたのだ。

ヤン・ヨセフ・スワガー

　一方で、神戸モスクの設計はチェコ出身の建築家が行ったと、多くの建築関係の資料に記されてきた。

　建築家の名はヤン・ヨセフ・スワガー（Jan Josef Švagr）[2]。

スワガーの人生には多くの著名建築家との接点があった。そして横浜に自らの建築設計事務所を開業し建築家として腕をふるった。建築作品でも神戸モスクのみならず、横浜のカトリック山手教会の設計を行うなど、わが国の建築の歴史との接点も密だ。堀勇良はスワガーをこう評している。

　　昭和初期におけるカトリック系の教会建築や学校建築等は、ヒンデルとスワガーとでほぼ二分している[3]。

ヒンデルは北海道と横浜で活躍したスイス人建築家。外壁の仕上げに地元産の大谷石をふんだんに用いた宇都宮のカトリック松が峰教会を設計したことでも知られる。

しかしスワガーは、チェコ・ボヘミヤでの出生から南米での逝去まで、世界各地を転々としたこともあって残された記録が限られる。堀勇良をはじめスワガーへの建築家としての高い評価にもかかわらずだ。

そんな中、先の堀勇良の評、仁木政彦氏による講演[4]、長谷川香氏の論考[5]、小室加津彦・速水清孝の両氏による論考[6]は、スワガーの日本での足跡や仕事をとらえた限られた考察だ。また後述するチェコ国営テレビの番組でも彼の足跡が辿られている。この他、千野栄一によるスワガーの生涯を追った論考[7]も見逃せない。

これらの各氏による論考と各種の資料を通じて、神戸モスク設計におけるスワガーの役割とその仕事ぶりをたどることが出来ないだろうか。

もっとも、スワガーの名前は先の章にみた『開堂祝賀会記念冊子』、『モスク報告書1935-6年』どころか、いずれの公文書、新聞記事にもモスクの設計者として表れていない。

なぜ、極東の神戸に建てられたモスクを、遠くボヘミア出身のスワガーが設計することになったのか。モスクを施工した竹中工務店との関係はどんなものだったか。

そして、スワガーは敬虔なカトリック信者だった。多くの教会建築の設計に腕をふるっていた。そのスワガーが、なぜイスラーム教のモスクの設計を手掛けることになったのだろうか。

ボヘミアから日本へ

ヤン・ヨセフ・スワガーは 1885 年 9 月 7 日に現在のチェコに生まれる。

当時のオーストリア・ハンガリー帝国下のボヘミア地方ペトロヴィツェ。美しい緑の丘陵地帯。ティーンチャニ村が彼の故郷だ。農夫の一家の 7 人兄弟の 3 番目の子として生まれた。彼の生家とされる建物は平屋の質素な住まい。スワガーは幼少からカトリックを信仰していた。

中等学校までは故郷で学び、その後、実務学校で学んでいる。その過程で「道路建設」を修めている。

千野栄一は、スワガーの履歴書を手に入れている。これによるとスワガーは「1904 年から 05 年、セドゥルチェニ、後にピーセックの実務高校通学。1908 年から 09 年、正規のコースの道路建設（建築）を優等で卒業」と記されていた。これには大学卒業の記載がない。千野は、スワガーが通常チェコで工科系の大学を卒業したものに与えられる「技師」の称号が付されていないと指摘している[8]。

この履歴によるとスワガーは、最初の「実務高校」の卒業時点で 20 歳。後の「正規のコース」を修めたのが 24 歳になる。チェコ国営テレビを含め多くの考察が、スワガーはプラハ工科大学を卒業したと示している。24 歳に卒業した「正規のコース」は工科大学のことか。同時期の学校制度は各種の学校が設立整備されるなど転換期でもあった。いずれにしても、スワガーは「道路建設」を学び「優等」な成績を修めていた。

プラハ工科大学はその前身が 1707 年に開かれている名門。教員には「ドップラー効果」のヨハン・クリスチャン・ドップラーがいた。スワガーの生まれる前の 1863 年にはポリテクがプラハ工科大学となり、チェコスロバキア共和国の成立した後の 1920 年にはチェコ工科大学となっている。当初より機械工学、化学、土木工学、建築学の各専攻がありそれぞれに有力な工学者を輩出していた。

しかし学校を卒業したスワガーはチェコにとどまることはなかった。

彼の人生は旅と流浪の連続だった。当初、スワガーは欧州で仕事をしつつ、タタールの人々も往来したであろうシベリア鉄道建設に従事した。

その間、モスクワでは妻となるエリザベータ・エブレイノフと出会っている。

　1917年10月、ロシア革命がおきる。これを受け、スワガーは妻子とともに中国へ逃れる。そこでも建設技師として働いた。内蒙古や中国東北部での建設現場でも技師として建設に携わる。スワガーが中国で最後に仕事をしたのは上海だった。「東洋のパリ」とも呼ばれた上海には西欧列強の支配による租界ができていた。ここも建設ブームを迎えていた。

　そんな上海で、スワガーはおなじチェコ出身の建築家アントニン・レーモンドに出会う。レーモンドは、わが国において多くの建築作品を残し、その後の建築界にも深い影響をおよぼした。彼の事務所からは時代を代表する多くの日本人建築家が出ている。

　レーモンドは、プラハ工科大学を1909年に卒業している。スワガーから見るとレーモンドは3歳年下にあたる。一方で先の千野の調べにあった様にスワガーの「正規のコースの道路建設」の学修がプラハ工科大であったとすると、同じ年に卒業した事になる。いずれにしても2人はそれぞれに祖国を遠く離れ、極東の地で再び出会うのだ。

　レーモンドは大学卒業後、アメリカにわたり建築界の巨匠として知られるフランク・ロイド・ライトの事務所等で働いた。レーモンドは学生の頃から建築作品図集を通じてライトの作品の虜になっていた。そしてライトの設計である東京の帝国ホテル建築にたずさわるために来日。それが1919（大正8）年の末のこと。その後、妻ノエミと2人でアトリエ活動をすすめつつ、1921年にレーモンドは東京に建築事務所「米国建築合資会社」を設立している。

　この事務所たち上げから程なくレーモンドはスワガーと上海で出会ったことになる。その後、レーモンドの建築事務所でスワガーも働き始める。この時点でスワガーの年齢は40歳前。技術者としても働き盛りの頃。

日本から南米へ
　堀勇良によると、スワガーはレーモンドの元で横浜支社を統括しつつ

「構造技師」として働いた[9]。レーモンドの事務所で担当した「スタンダード石油ビル」や「ライジングサン石油社宅」などでは彼は構造設計を担当したという。

そしてスワガーは6年程をレーモンドのもとで働き、その後、1930（昭和5）年に横浜の山手教会の近くに「スワガー建築事務所」を構える[10]。この間、義理の弟の助けをうけていた。

横浜は、関東大震災の復興期から世界大戦の開戦までの間、外国人建築家の活動が活発だった。堀勇良によるとスワガーは横浜の同時代の有力建築家の1人とも評されるのだ。

> 震災復興期の横浜は、アメリカ人モーガン、チェコ人スワガー、スイス人のヒンデルの三名の建築家を擁し、F・L・ライトの弟子レーモンドの活躍を加えて居住地建築家の復興期（ルネッサンス）の様相を呈した。（略）しかしモーガンの没（S12）、昭和十四、五年のヒンデルとスワガーの離日によって、横浜における居留地建築家の伝統は一応終焉する[11]。

スワガーの活動は、事務所を置いた横浜を中心にした事柄が知られているが、1930年代の後半には神戸にもスワガー名の事務所を置き代理人がいた。これについては後の第5章で述べる。

スワガーは1930年代の末に最愛の妻を亡くす。失意のスワガーをさらに戦争がおそう。

日本が第二次世界大戦に参戦する1941年までには日本を離れている。後述したいが、建築と土木の両学会の名簿にスワガーの名前が最後に現れるのは1940年。翌年の名簿からは名が消えている。

離日にあたり、スワガーは事務所を日本人共同経営者に譲渡した。その際に、共同経営者らは感謝を表して日本刀をスワガーに贈ったとの逸話も残る。

日本を離れたスワガーは南米チリにわたり、さらに66歳でアルゼンチンにわたる。そこで建築家として働きつつも神学を学ぶ。71歳に聖職者となり貧しい人々への祈りに身をささげた。革命、流浪、死別、戦争、そして祈り。

1969年3月26日に84歳で逝去。ブエノスアイレス近郊のクライポレにある彼自身も建築にたずさわった教会の近くの墓地に眠る。
　最近になって、チェコ国営テレビが『麗しき足跡』（Šumné stopy）と題したドキュメンタリーを制作した。番組では日本で活躍したチェコ人の建築家たちがとらえられた。先のアントニン・レーモンド。広島県物産陳列館（現在の原爆ドーム）を設計したヤン・レツルらとともに、スワガーの足跡がとらえられたのだ[12]。
　これを契機にスワガーの生まれた地方でも彼の足跡への関心が高まっている。

「建築設計技師」と「土木技師」

　スワガーは建築家として、わが国で多くの建築作品を残した。先に見た通り、時代を代表する建築家としても評されている。かとおもうと、スワガーは土木技師や構造技師と称されることも少なくない。いったいスワガーとは何者なのだろうか。
　一般的に、建設する営み、建築と土木は密接にみえる。しかし今、この二つの学としての領域は広くその独立性は高い。現在、この二つの分野を両方とも修め、建設の実務に就く技術者は多くはない。
　スワガーは、建築学、土木工学のいずれを学び、実務に携わったのだろう。この点は先に挙げた先行研究でも注目されてきた。スワガーは「建築」か「土木」なのかと。
　工学分野、技術者にも様々な団体や学会がある。昭和戦前期には、いまほどに多くないにせよ設立されている。スワガーは、日本にいた間、建築や土木の学協会などに参画していたのだろうか。これは、彼の専門家としての名乗り、そして立ち位置にも関係するだろう。

建築学会特別員と「建築設計技師」

　まず、日本建築学会図書館に保管されている会員名簿をみてみた。
　スワガーの名前は1925（大正14）年度版の『建築学会会員住所姓名録』

にあった。そして、名簿に最後に名前が現れるのは、1940（昭和15）年度版だった。

　1925年度版の名簿には「特別員（府下）」の項目に掲載されている。氏名は「J.J.Svagr」。勤務先と職業欄は空欄。宿所「芝区白金三光町四五一」と記載されている[13]。スワガーが会員であった間、名簿の彼の記載事項は年により異なる。記載があったり空欄になったり。また住所も勤務先も変わる。これらはそれぞれに会員自らが登録したものを記載したのだろう。

　1927年度版の名簿には、勤務先が「レーモンドエンドサイクス建築事務所」で住所は先の芝区白金のまま。1929年度版には勤務先はレーモンド事務所のままで、住所は「横浜市山手町四二ノB」へ。横浜の山手教会の近く。この間、日本人の会員で「正員」の欄にレーモンドの事務所を勤務先とした会員の名もある。

　それが1932年度版では、氏名は「ゼゼスワガー」、勤務先が「スワガー建築事務所」となる。住所は横浜市山手のままだ。1938年度版の名簿には勤務先の記載内容が加筆され「建築設計技師スワガー建築事務所自営」と書き加えられている。

　そして彼が建築学会を退会する前年の1939年度版には、初めて「出身校」欄に「プラーグ大同工芸学院」と記入されている。ただし、これが記載されるのはこの年だけだった。先述の通り、スワガーはプラハ工科大学で学んだとされる。なぜこの年の名簿だけにプラーグ大同工芸学院と挙げたのだろうか。

　この間、スワガーの建築学会の会員資格は一貫して「特別員」だった。

　スワガーの入会時点で、建築学会の会員資格には、正、名誉、特別、賛成、准の5種あった。当時の学会定款11条によると「特別員」は「建築学以外の学科を専修したる者若くは学識経験ある外国人にして本会の目的を賛助するものを特別員とす」とある[14]。そのうえで、2名以上の「正員」の推薦が必要だった。

　この「特別員」の資格は学会の発足まもない1887（明治20）年には設

けられている。スワガーが入会したころには114人の「特別員」がいた[15]。ただし会員数全体は増加しているにもかかわらず「特別員」はこの前後数年がピークで、すぐに減り始める。スワガーが「特別員」だったころ、同じ名簿にカタカナもしくはアルファベットで名前が掲載されている者がほかにもいる。ニューヨーク、ボンベイ、バンコクに在住の各1名だ。いずれも「特別員」でニューヨーク在住の会員は1926年度版までで、残りの2人もスワガーと同じく1940年度版には名前が会員名簿から無くなっている。

スワガーは建築学会への入会に際し「特別員」として「建築学以外の学科を専修」した者もしくは「学識経験ある外国人」のどちらの資格を満たしたのだろうか。これについては今や知るすべはない。

土木学会会員と「土木技師」

一方、スワガーの名前は、土木学会附属土木図書館に所蔵されている『土木学会会員名簿』[16]にもあった。

建築学会に入会したほぼ同じ時期に土木学会にも入会していたのだ。『土木学会会員名簿』にスワガーの名前が最初に現れるのは1926(大正15)年度版の名簿からだ。また土木学会の「土木学会誌」にもスワガーの入会が記されていた[17]。同年の「五月十六日以降七月十五日迄に入会を承認し名簿に登録したるもの」の項目に、ほかの8名の新会員と共に「Mr. J.J.Svagr」とスワガーの名前がある。スワガーの土木学会の会員資格は「会員」だった。

同年の土木学会の会員数は、会員1009人、准員1693人、学生会員206人の計2908人あった。当時、スワガーは外国人で唯一の土木学会の会員であったとの話しもある。たしかに名簿上にアルファベットで記載されている氏名は、スワガーのほかに見当たらない。ただし住所地が台湾や樺太の会員や欧米からの留学帰国者も珍しくはない。氏名欄や現住所だけで国籍を確定するのは難しそうだ。

名簿のスワガーの欄をみる。連絡先欄には1931(昭和6)年までは

レーモンドの事務所の所在地が記され、その後は「横浜市中山手四二のB」と記されている。建築学会の名簿と同じだ。

興味深いのは「職業」欄だった。土木学会の名簿にはこの間のスワガーの職業欄は一貫して「土木技師」と記入されていた。しかし建築学会の名簿にあった「スワガー建築事務所」の記載はない。

名簿の他の登載者は、職業欄に企業名や、鉄道や橋梁、治水や測量などと土木工学の中でもより絞り込んだ専門領域を記載している。これらに比べるとスワガーの「土木技師」との名乗りはより広範で一般的だ。ちなみにスワガーの学位の欄は空白だった。

当時、土木学会の「会員」になるには「会員三名以上の紹介を以て入会希望書を会長に差出すべし」とある。その資格は、「一、工学専門の高等教育を受け」5年から10年の業務に従事した者か、「二、土木工事設計の技能を有し」5年以上の「重要なる工事」を担当したるものとある。一定の学校歴と土木の専門技術をもつことが入会の条件だ。ここでもスワガーは土木学会の会員資格を満たしていたのだ。

ところで、当時の学会の会費は高額だった。1914年の土木学会の年会費は「会員」で12円。当時の初任給をみると小学校教員が月給20円、銀行員が40円[18]。スワガーはすくなくとも建築と土木の2学会に入会していた。当時の物価水準から見てもその負担は重くはないか。

それに、建築学会の「特別員」、土木学会の「会員」にしても、外国人としての入会申請にはそれなりに手間を要しただろう。スワガーの日本語能力には限りがあった。これをみると、単なる付き合いのために入会するのは割にあうことだろうか。スワガーは、それらに所属し続けることに何を期待したのだろう。

何れにしても、スワガーはそれぞれの学会での会員資格を認められている。そして彼自身の建築と土木、二つの学会会員名簿にあらわれる「建築設計技師」と「土木技師」としての名乗り。これはスワガーの技術者としての立ち位置にも関わるのかもしれない。

留意するべき点は当時の建築学と土木工学の関係だ。

わが国の建築界には土木工学の出身者もあった。たとえば兵庫県庁舎（現・兵庫県公館）の設計を手掛けた山口半六は、フランスの理工系分野のエリート養成校エコール・サントラルに留学した。そこで広く工学そして土木工学を修め、帰国後は建築家として活躍した。

同じく建築学も構造から美学や哲学におよぶ広い総合性の上に成り立っている。こうなると現在の学術分野の枠組に立ってスワガーの才能をみる事は充分ではないようだ。

スワガーは技術者として建築と土木の双方で技量を充分に有したのではないか。この事は、彼の仕事、そして神戸モスクの建築空間を解読するうえでもヒントになりそうだ。

スワガーの日本での建築作品

スワガーの日本での建築の仕事は、神戸モスクを含めて二十弱の物件が確認されている。

しかし第二次世界大戦の空襲や後年の除却もあって、現在のこっている物件はそう多くはない。スワガーの仕事で目をひくのは宗教施設の多さだ。横浜の山手教会や保土ヶ谷、豊中のカトリック教会などに加えて、司教館やレーモンド時代の聖路加国際病院に見られるような施設も多い。スワガーが敬虔なカトリック信徒であったことも関係したのか。このほかは若干の戸建住宅やアパートメントだ。

スワガーの作品は、事務所のあった神奈川に多いが全国にわたり北海道から九州に及ぶ。1930年代の前半は、横浜や東京での仕事を主にしつつ、神戸、福岡、北海道での仕事もある。その後、日本を離れる頃まで再び神奈川での仕事が増えている。

レーモンドの事務所からの独立以降、スワガーが自らの事務所で設計を行った主な建築物件とその竣工年と所在は、小室加津彦と速水清孝の両氏の集成によると以下の通りだ[19]。

 1931年　ケント邸（横浜）
 1933年　カトリック山手教会（横浜）

1933年　カトリック福岡教区司教館（福岡）
1933年　イエズス会無原罪聖母修道院（東京）
1933年　セント・ジョセフ・カレッジ体育館兼講堂（横浜）
1934年　カトリック大阪田辺教会（大阪）
1935年　ノートルダム修道院（福島）
1935年　神戸ムスリムモスク（神戸）
1936年　聖心女子学院英語科増築（東京）
1937年　戸塚修道院（横浜）
1937年　E.V.バーナード邸（横浜）
1938年　当別トラピスト修道院本館増築（北海道）
1938年　橋本ホテル（群馬）
1938年　ヘルムハウスアパートメント（横浜）
1939年　カトリック保土ヶ谷教会（横浜）
1939年　カトリック豊中教会（大阪）

スワガーは日本各地に多くの名建築を残した。

一般的に建築物のデザインには建築家の感性が現れる。それは建物全体のボリューム感や間取り、窓や壁、家具にまでいたる。設計する営みは建築家としての世界に対する自らの感性の表出であり、同時に施主、広くは建築業界に対するアピールともなる。

美しい空間は人の心をふるわせる。一方で、建築物のデザインは建築家の感性だけで決まるわけではない。施主の意向は何よりも重い。それに加えて法のしばり、大勢の思惑も絡み相当の金額もうごく。建築することは世俗的な営みでもある。

スワガーは建築家として、建築作品にどんな特徴を残していたのか。その観点でレーモンドの事務所で働いていた時期を含め、現存しているスワガーの作品を訪ねてみた。

興味深いことに、スワガーの建築には、相互の関連性や共通するデザインがよみとりにくいのだ。

まずは聖路加国際病院・旧病棟（東京都中央区明石町）。

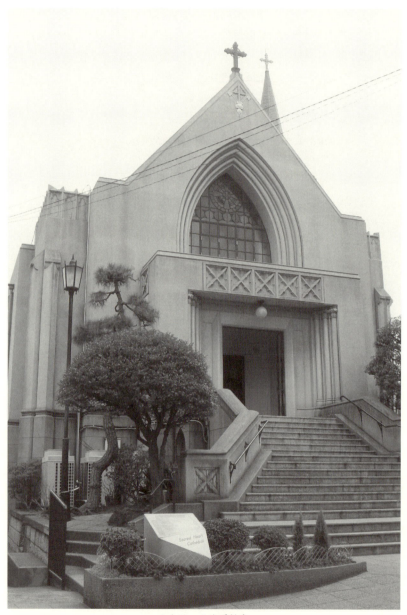

カトリック山手教会

聖路加国際病院・旧病棟

旧バーナード邸

レーモンドの事務所の時代にスワガーがかかわった。建物の銘板によると、設計者は「A.レーモンド、B.フォイエルシュタイン、J.V.W.バーガミニー」、竣工年は1933（昭和8）年。設計は最初レーモンドが実施し、尖塔をあげた案をフォイエルシュタインとともに計画したと記される。

　この建物の設計は紆余曲折を経た。レーモンドが行った当初の設計案は、施主であるミッション側に受け入れられなかった。中途で銘板の三人目に表示されているバーガミニーが担当することになった。宍戸實によると、レーモンドは「当初ライト風」のデザイン案を提示し、その後フォイエルシュタインが一転して国際様式の塔のデザインを提案したという。しかしこれも施主側に受け入れられずバーガミニーが引き受けることとなったという[20]。レーモンドはこの一連の曲折に憤る。この経緯はレーモンドの自叙伝を通じて後述したい。

　ところで病院の建物の銘板にはスワガーの名前はない。設計が実施されていた時期には、スワガーはレーモンドの事務所に所属していた。所員として働いていたから銘板には名が刻まれなかったのだろう。

　次に、スワガーの代表作ともいえるカトリック山手教会（横浜市中区山手町）だ。スワガー自身もこの教会で祈る信徒だった。元の教会建物は1923（大正12）年の関東大震災で倒壊。その後1933年にスワガーの設計で再建された。時期的にも神戸モスクの建築と同じ時期だ。

　鉄筋コンクリート造、地上1階（一部中2階）、地下1階建て、施工は横浜の関工務店。関工務店は1885（明治18）年創業の名門。山手教会は同社がスワガーの指導を受けて建てた最初期の鉄筋コンクリート造建物とされる。建物外壁の色彩、建物隅の装飾や門柱は神戸モスクに似る。建物細部でも礼拝堂の窓硝子は、黄と青の色硝子であるが、黄色硝子はモスクのものと同様の色彩。堂内では聖歌隊とオルガンの配置される中2階空間は、モスクの室の配置とも似ている。

　神戸モスクが竣工した直後の1937年の作品に、旧バーナード邸（横浜市中区本牧元町）がある。施工は関工務店。木造2階建てで一部が鉄筋コンクリート造。現存するスワガーの建築設計作品の中でも数少ない住宅の

カトリック豊中教会

事例。階段室や窓枠の細部のデザインに他の作品との関連がある程度だ。門柱の大きさや形態は山手教会のそれに似ている。

　スワガーが日本を去る直前に竣工したのがカトリック豊中教会（大阪府豊中市本町）だ。同教会は1939年に献堂された。施工は横浜のカトリック山手教会と同じく関工務店。外観は和洋折衷様式で、瓦が葺かれた個性的なデザインだ。教会の関係者によると「スワガーは中国から帰国が間もないこともあり高塔の欄干は中華風になった」と言い伝えられているとの

こと。外部は様々な建築様式があらわれる折衷だが内部は丸柱がならび、壁は漆喰仕上げの和風だ。一方で聖壇の上部は天窓が設けられ光がおちる。細部装飾も工夫が多く、玄関扉の装飾はスワガーがチェコのレース編みから発想してデザインされたと言い伝えられている。薄桃色に塗られた木板にハート型のレース編み様の装飾が施されている。

カトリック豊中教会は第二次世界大戦でも被害を受けなかった。また阪神・淡路大震災では屋根瓦が少し落ちただけで建物には影響はなく創建時のままの姿を今に伝えている。

「建築家」としてのスワガー
興味深いのは、スワガーの「建築家」像だ。
彼がレーモンドの事務所で働いていた時期から、設計事務所の独立、そして日本を離れるまで、彼はどのようにして建築の設計にかかわっていたのか。これは神戸モスクの建築過程をみるうえでも欠かせない。そして各種の名簿に見た彼の「建築設計技師」と「土木技師」との名乗りも気になるところだ。

建築の設計には細かな専門領域と職能がある。建物の間取りやデザインを担当する意匠設計、構造物としての検討を行う構造設計、給排水や空調などの設備設計がその主な柱だろうか。施工、コストや工程管理も重要な業務だ。

建築技術が高度化した今、建築の設計はさらに特化した専門領域に分かれる。設計の過程では様々な分野の専門家が共同して作業を行う。そしてわが国で建築を学ぶ学生は、先の意匠から設備に至る各領域を一通り総合的に学ぶが、実務ではそのいずれかに専ら従事することが多い。

そして設計者は、建築の現場がながれはじめても、ひとときも気をぬくことができない。建物が完成するまでには様々な設計の段階がある。建築の概要を謳う基本設計から、見積もりや工事に必要なより詳細な実施設計にまで至る。段階ごとに加筆と修正が繰り返される。そして、大勢の職人、各種の重機、膨大な建設資材の到着によって工事がはじまる。

この過程では専門や立場の違いから、意見の相違が起きることも少なくない。空間に美を求める意匠と、堅牢さを確実にしたい構造の専門家には立場の違いもあるだろう。建設費用も絡んでくる。そして施工は時間との闘いだ。現場には雨も降れば風も吹く。左官、大工、電気工、塗装工に鳶職。様々な職人が技を競う。場合によれば組織内の人間関係も作用する。

　スワガーは建築設計のいずれの領域に長けた技術者だったのだろう。

　スワガーが来日後の6年間を働いたレーモンドの事務所ではどのような立場だったのか。

　レーモンドは自叙伝を1973年にチャールズ・イー・タトル社より刊行している。*Antonin Raymond: An Autobiography*『アントニン・レーモンド：自叙伝』にはレーモンドからみたスワガーの姿がえがかれていた[21]。

　レーモンドとスワガーの上海での出会いはこのように記されている。以下は同書より筆者訳。

　　チェコ人で、私の組織に1923年ごろに入ったのは構造技師（structural engineer）のヤン・スワガーだった。私は、北京旅行の帰途、上海でスワガーと出会ったのだ。かれはシベリアや、ロシアのボルシェビキから逃れようとする、多くのチェコ人の一人であった[22]。
　　（括弧内：原文より）

　レーモンドにとってスワガーは「構造技師」だった。そしてスワガーの境遇をボルシェビキから逃れる避難者ととらえている。プラハの同じ大学で学んだ者同士、上海での出会いで共感する面もあったろう。

　そして、スワガーは「構造技師」としてレーモンドのもとで働くこととなる。関東大震災もあって、レーモンドらは建築物の耐震性の重要性を感じていた。レーモンドはこのことからも「構造技師」スワガーの力を必要としたのだろう。レーモンドの事務所では、スワガーは物件によっては意匠設計を担当したものもあるが、おおむね構造設計に従事した。

　スワガーが独立した時期はレーモンドの事務所の転換期にもあたっていた。事務所員が日本人主体になる時期だったのだ。レーモンドはライトという稀代の巨匠に仕え、独立後は独自の方向性を模索していた。

しかし共に仕事を進めるうちに、レーモンドの眼には、スワガーの設計は構造的に堅牢であっても、軽やかさに欠けると映りはじめる。これをめぐり2人の間に、建築家、技術者としての溝が生じはじめる。レーモンドは自叙伝にスワガーの仕事ぶりをこのように評している。

　　彼はきわめて注意深くそして勤勉だった。しかし関東大震災は、彼に大きな影響を与え、多くの場合、彼の構造設計はより重く剛になる傾向にあった。それは結果として過剰な設計をまねいた。私は、地震動による構造物の挙動はできるだけ抑えて、より耐えられるようにするためにも、耐震設計は可能なかぎり軽めにするべきだと、彼を説得するのに大変苦労した[23]。

　彼らは関東大震災で建物の崩れる様を目撃している。それでもレーモンドから見た、スワガーの構造計算は「重く剛」すぎたのだ。
　わが国の建築界では、関東大震災後から昭和の初期にかけて、いわゆる「柔剛論争」があった。建築物の地震対策としては、建物がより硬い「剛」もしくは「柔」なもの、そのいずれが耐震上に有利かをめぐり議論されたのだ。いずれの立場も建築物に深刻な損傷を与える地震動との共振による影響を軽減する観点は一致していたが議論は並行線をたどった。
　レーモンドの美的感性は、建築の歴史を語る上でも絶えず回顧されてきた。近代主義建築の出現以降、建築物はより軽やかで自由な形態が、先進的だと受け止められている。
　レーモンドのめざす建築像からみてスワガーの構造設計は柱や梁が太く重々しい。レーモンドは耐震設計では「地震動による構造物の挙動をできるだけ小さく」したかったのだ。彼の呼ぶ「軽め」の耐震設計とはどんなものか。それは建物の自重がより軽く、梁や柱はより細く軽やかなものだ。
　こうみるとレーモンドの指向は、スワガーの手がけた建築物とは表情が異なり軽やかだ。逆に、この「重く剛」なスワガーの指向が、神戸モスクの設計にも表れたのだろうか。
　そしてこれは、第二次世界大戦下の神戸大空襲、また阪神・淡路大震災

で被害を免れたこととも関係があるのだろうか。モスクは確かに構造的に堅牢だ。彼は、竹中工務店と共に臨んだ神戸モスク設計でも、より強固になるよう構造設計を見直したと考えられるのだ。これは後にふれる。

レーモンドにとって「重さ」とはなんだったのか。これには、彼の建築家としての指向に加えて、その内面も関係したとの見方もある。彼は美しいボヘミアの山河を回顧しつづけた。しかし、後にこの地をドイツ人が「蹂躙」していった。このことから彼はドイツを連想させるすべてを嫌悪した。村松貞次郎は、レーモンドは「ドイツを連想させる"重さ"というものを極力嫌悪」したと指摘している。そしてレーモンドは気性が激しかった。所員、特に構造担当に大変厳しく、時に施主に対しても容赦ない。重い「ゼイ肉を削り落とすことを徹底的にやる彼が、構造家にきびしいのは想像できる」のだと[24]。

事務所独立へ

レーモンドのスワガーに対するまなざしは厳しくなってゆく。2人の溝はますます深まる。レーモンドは自叙伝に記した。

> スワガーはとくに厳しい目付け役として、数年間にわたってよく助けてくれた。もっとも、彼が私から独立した方が、大きな成功をおさめうるという幻想を抱くまでは[25]。

先の聖路加国際病院の設計をめぐり緊張は極限に達する。レーモンドは、彼の事務所で働くフォイエルシュタインとスワガーに対して怒りを爆発させる。

> 彼（フォイエルシュタイン）は、私の事務所の経営を混乱させ、ビジネスとして事務所の財政を安定させようとする私の奮闘を理解しなかった。そして私のリーダーシップに対しては、会社の技師スワガーと、聖路加国際病院の代表のトイスラー博士とともに奇妙な陰謀をしこんだ。私は彼を解雇せざるを得なくなった。（略）トイスラー、スワガー、フォイエルシュタインの三人組は、聖路加国際病院の設計を大いに成功させようとする私の熱意を、甚だしい困難に陥れたの

だ[26]。(括弧内追記:筆者)

レーモンドが呼んだ三人組とはどんな人物だったのか。

1人目のルドルフ・トイスラーはアメリカ生まれの宣教医師。聖路加国際病院の設立者で初代の院長となった。わが国の医学の発展に大きな貢献をなしとげた。3人目のベドジフ・フォイエルシュタインも、レーモンド、スワガーと同じくチェコ出身でプラハ工科大学を卒業した同窓だった。そしてレーモンド事務所に勤務していた。不幸にも彼は若くして自死している。

結局、レーモンドは聖路加国際病院の設計から降りる。レーモンドは聖路加国際病院設計を三人組が悪趣味で陳腐なものにしたと憤慨する。

そして彼が去った後に病院建設を引き取ることになる、この三人組にとどめをさす。

その三人は、自分たちの志を実現させることなくこの世をさった。ボヘミヤではフォイエルシュタインが、米国ではトイスラーが、南アメリカではスワガーが[27]。

自叙伝は、後世にむけて己がこの世にあったことの証しとして残す物ではないのか。それを考えるとこのくだりは、いささか厳しい。

もっともレーモンドとスワガーの関係にかぎらず、雇う者と雇われる者、また師と弟子が、永遠にあたたかい関係を保ち続けるのは容易いことだろうか。ましてや互いに、敏感な感性と稀代の才能を誇る者は、平凡で凡庸なもの同士よりも、互いの均衡が崩れる時、より激しい火花を散らしかねないのではないか。

そして2人は同郷かつ同窓だった。これも2人の関係に影響を及ぼしたのではないか。なぜなら人は異郷に暮らす時、そこで出会う同郷の人に、過ぎた温もりと絆を感じることはないか。しかし、その期待がひとたび失望の翳をまとうとき、失意はより肥大しかねないのではないか。

レーモンドとスワガーは、それぞれに建築家として注目すべき功績を残した。この離別は、レーモンドには自らの美のさらなる追求を促し、スワガーには建築事務所の独立のきっかけとなった。彼らの人生において岐路

となったのは事実だろう。

　もっとも、スワガーが最晩年のアルゼンチンで、建築家そして聖職者として、貧者を助けた生涯を「志を実現させることなくこの世をさった」と断じるのは、いささか寂しいのも事実なのだが。

「べっぴん」な建築

　スワガーの横顔について、カトリック山手教会の工事で、彼の下で働いた関工務店の技師の証言が残っていた。朝日新聞横浜支局が1981年前後に行った取材によるものだ。現場でのスワガーはこんな風だった。

　　片言の日本語しか話せないスワガーは「この建築は、べっぴんじゃないですね」「鼻が大きくて、おかしいね」「耳が変ですね」と日本人技師に何とか技術を伝えようとした。「べっぴん」がスワガーの口ぐせだった[28]。

　こんなユーモラスなスワガーも、仕事にはめっぽう厳しかった。気に入らないと腹の底から怒鳴ったという。現場でのスワガーは、細かな計算は日本人の技師任せだったが、バランス感覚に優れていたと評されている。この技師はスワガーを「いわばデザイナーだった」と回想していた。戦争が始まる前に日本を去る前には、日本に残りたがったそうだ。

　この関工務店の技師を含むスワガーの「直弟子」たちは、戦後それぞれに国土復興と建設の最前線にたち続けた。後に彼らは「スワガー会」を開いて旧交を温めたという。

　スワガーの人物像としてこんなことが言えるのではないか。

　ボヘミアから極東、そして南米に至る流転の過程でも、彼は職を失うことなく建設の最前線に立ち続けた。これは彼が、言葉の異なるいずれの国の建設の現場でも、常に必要とされる腕の確かな技術者だったことの証しだろう。そして視野が広く、いずれの土地の人々とも仕事をこなすバランス感覚の豊かな人物だった。

　スワガーは、建築設計における意匠から構造にいたる広い分野をその手中に修めていた。その一方で、自らは建造物を確かに構築する術をもちつ

つも、彼自身は個性を強く押し出さず、施主のもとめる空間を自在かつ堅実につくるある種の余裕があった。

スワガーは、後の時代にますます独立性が高まる、建築学、土木工学の枠にもはまることはなかった。ひろい意味での工学の世界に生き、異なる国の人々の求めに応えるだけの充分な知識と技を有した。

来日後、スワガーは関東大震災の惨禍を目撃した。それは「建築設計技師」「土木技師」としての設計において、建造物に普遍的に求められる、人の命をまもる堅牢さを大切にする姿勢につながったのだろう。

一方で、スワガーのつくりだした一連の建築の佇まいには、単に堅牢なだけの無骨な構造物ではなく、ある種の質実さとともに凛とした優美さがある。そうそれらは「べっぴん」さを身にまとっているのだ。

建築家は、しばしば異国を旅し建築や空間にふれ世界をひろげる。

スワガーの人生は、流浪の連続だった。ボヘミアから、モスクワ、シベリア、中国東北部、上海などの各地を歩きつづけた。そして、横浜、神戸。人生の終焉は南米。

その流浪は、しかし、革命や戦争からの単なる逃避行ではなかった。建築家と土木技師、そして、ひとりの信仰者としての高みを求め続けた旅だったのではないか。

スワガーはその生涯を通じて、イスラーム世界をふくむ各地の建築の美とともに日々の祈りの姿を、自らの眼差しと心におさめつづけていたはずだから。

注
1　オムリ・ブージッド、2013「第七章　モスクと地域社会」、関西学院大学キリスト教と文化研究センター、既出、pp.212-213、p.227。
2　千野栄一は「その姓を片仮名にすればシュヴァグルが一番近いだろう」と指摘している。千野栄一、2002「スワガー会の方々、助けて！」、『學鐙』丸善 Vol. 99、No. 4、p.8。
3　堀勇良（編著）、2003「外国人建築家の系譜」、東京国立博物館他（監修）『日本の美術8』至文堂447号（2003年8月号）、p.3、図4解説文より。

4 仁木政彦氏よりご提供の同氏による講演資料「マルグリット・ブールジョワセンター設計者 ヤン・ヨセフ・スワガーの建築とその足跡」(2009年：桜の聖母短期大学)。
5 長谷川香、2007「Jan Josef Švagr とその建築」東京大学・卒業論文。
6 小室加津彦、速水清孝、2014「構造技師・建築家ヤン・ヨセフ・スワガーの日本時代の建築作品に関する考察」建築学会大会・学術講演梗概集、pp.653-654。
7 千野栄一、2002、既出。
8 千野栄一、2002、既出、p.10。
9 堀勇良、1989「横浜建築家事典稿」、横浜市『横浜・都市と建築の一〇〇年』横浜市建築局、p.194。
10 同前、p.194。
11 堀勇良、1989「横浜の建築家」、横浜市、既出、pp.56-57。
12 チェコ国営テレビ、ウエブサイト「Šumné stopy（麗しき足跡）」http://www.ceskatelevize.cz/porady/10262550261-sumne-stopy/210522162350005-jan-josef-svagr/（最終更新日：不詳、閲覧日 2015.6.15）。神戸モスクではチェコ国営テレビ関係者によって 2010 年に撮影取材された。
13 建築学会、1925『建築学会会員住所姓名録（大正 14 年 11 月 25 日発行）』建築学会、p.79。
14 「建築学会定款（大正九年一月三十日改正）」、『建築雑誌』建築学会、36（428）(1922.3.31)。
15 建築学会、1936『建築学会五十周年略史 明治 19 年―昭和 10 年』建築学会、p.50。
16 土木学会『土木学会会員名簿』土木学会、大正 13 年～昭和 16 年の各年度版。名簿は入会時に提出の「会員名票」を基に作成されているがスワガーの会員名票は戦中に焼失。なおスワガーの名は昭和元年度版名簿には I.I.Svagr。昭和 2 年度版名簿には J.J.Svagr、昭和 3 年以降は Suagr とそれぞれ記載されていた。
17 『土木学会誌』土木学会、十二巻・四号（大正 15 年 8 月号）、pp.26-27。
18 土木学会 80 年史編集委員会、1994『土木学会の 80 年』土木学会、p.35。
19 小室加津彦、速水清孝、2014、既出、p.654。なお、スワガーの作品年譜は、同論文では長谷川香、2007、既出や仁木政彦、2009、既出などを参照の上、集成されている。
20 宍戸實、1985「日本聖公会建築研究――聖路加国際病院と聖ルカ礼拝堂（その意匠と象徴）」嘉悦女子短期大学研究論集 28(2)48、pp.1-18。
21 Antonin Raymond, 1973, *Antonin Raymond: An Autobiography*, Charles E. Tuttle Company, p.104. なお本書文中の翻訳和文は筆者による。以下同様。

22　Ibid., p.104.
23　Ibid., p.104.
24　村松貞次郎、1965『日本建築家山脈』鹿島研究所出版会、p.245, p.255, p.257。
25　Antonin Raymond, 1973, op.cit., p.104.
26　Ibid., p.113.
27　Ibid., p.114.
28　朝日新聞横浜支局（編）、1982『残照：神奈川の近代建築』有隣堂、(41)「カトリック山手教会」の項目。

第5章　施工者——竹中工務店と神戸

　神戸では建築ラッシュが続いていた。
　港の建設、山手の洋館街、繁華街に建設される商業ビル群。次々に建てられる建築にも、時代の先をゆく神戸にふさわしい、新しい何かが映し出されていた。
　国際港を擁する神戸は、多くの建築家にとっても施工者にとっても、その技を磨き、新しい市場を獲得する登竜門。そんな中に竹中工務店があった。いまわが国を代表する建設会社の黎明。

竹中工務店と「新興建築」の神戸

　竹中工務店の系譜は、織田信長の普請奉行にさかのぼる。ながらく尾張の神社仏閣の建築を行っていた。明治になって、のちに竹中家十四代当主・竹中藤右衛門となる錬一が尾張から神戸に送られる。このとき錬一は数えで23歳。錬一の兄、藤五郎は十三代として竹中を継ぎ名古屋をまもった。
　神戸への進出は竹中にとっての転機となった。同社の体制は、日本建築は名古屋で、そして「新興建築」は神戸で探求することになったという[1]。
　1899（明治32）年に外国人居留地に近接する加納町に、初の営業拠点である竹中藤五郎神戸支店が開かれる。この年には日英通商航海条約の発効をうけて、外国人居留地が日本に返還されている。
　これは竹中工務店では「個人営業時代」の始まりとされ、神戸の竹中の黎明にあたる。もっとも開設当初の神戸支店はこじんまりしたもので2、3人が駐在し、事務所兼住居としていたにすぎなかった。長屋2階建ての借家に社名を掲げた看板があげられた[2]。

そんな中、竹中にとって「新興建築」への試金石となったのが「三井銀行小野浜倉庫」だ。竹中の社史にはこの工事が「試練作品第一号と記念されるべき」と評されている[3]。

神戸港では港湾関連施設の建設が急ピッチに進められていた。この小野浜から先の加納町の神戸支店はすぐの距離。小野浜倉庫は外国人居留地の東方に位置していた。工事は2期に及び、煉瓦積で瓦葺、平屋建ての合計24棟からなっていた。ここで竹中は同社にとって新しい技術をこころみた。壁は煉瓦積みで石灰モルタルが用いられた。屋根構造の小屋組みには様々な形式が用いられた。これは竹中が新規の構造技術に挑戦した結果だとされている。当時の竹中にとって神戸は地縁の薄い土地だった。このため名古屋の職人を呼び寄せて大工事を敢行した。

この工事の後、竹中は神戸で続々と工事を請け負う。後に竹中は「飛躍のチャンスを与えてくれたのは神戸の人々でした」とも記している[4]。三井銀行小野浜倉庫の一部は、神戸の街を焼き尽くした大空襲からも生き延びたが1975（昭和50）年に除却されている。

その後、竹中の神戸での営業拠点は3か所の借家を移転する。1902年には社屋を建築し1909年に合名会社となり神戸を本店に据える[5]。この社屋の場所は元の竹中大工道具館があった中山手通4丁目。100坪あまりの敷地に2階建てで新築され合宿所も備えたという[6]。ここから神戸モスクが建てられる土地へは東にわずか数百メートルほどの距離。

ここを拠点に社業を拡大してゆく。大正から昭和の戦前期にかけて建てられた竹中の建築物は、後の神戸大空襲や阪神・淡路大震災にも耐え、神戸のランドマークとして愛された。

たとえば、現在の大丸神戸店の旧居留地38番館は、旧ナショナルシティ銀行（1929年竣工、ヴォーリズ建築事務所設計）。現在、神戸市立博物館となっている、旧横浜正金銀行神戸支店（1935年竣工、桜井小太郎設計）などは、みな竹中の仕事。

ただし、これらの建築物の多くは、その後の増改築などで外観やインテリア、そして用途も当時のままではない。その意味でも、神戸モスクは当

時の竹中の仕事を知る上でも貴重な存在だろう。

　神戸モスクが建築された頃、竹中工務店はさらなる拡張期にあった。本店を神戸から大阪に移転し、神戸は支店となった。1937年には株式会社として創立総会を開催。また上海や天津に出張所を開設している。

　この頃の竹中の社内ではどのような体制で建築の設計が行われていたのだろうか。石田潤一郎氏らによる『16人の建築家　竹中工務店設計部の源流』[7]には、竹中工務店の建築家たちの姿がとらえられている。

　竹中工務店は、尾張での普請奉行としての系譜から大工棟梁の体制を残していた。建物の完成まで、設計から施工を一貫して担う業務体制が重視され、設計と工事の監督を兼務できる人材を重視していた。それが神戸で「新興建築」としての大規模建築や鉄筋コンクリート構造等による工事が増える。これらの技術に対応できる人材が必要となる。そこで神戸に支店を立ち上げた錬一、竹中家十四代当主・竹中藤右衛門は建築設計者の採用を始め、1926（大正15）年には設計部が設けられる[8]。

「神戸回々教教会堂新築設計図」

　これまでの章にもみたとおり、神戸モスクの建設の準備過程については先の章で見た2冊の記念誌、公文書や各種報道、また福田義昭氏らの論考を通じてその流れをつかむことができた。

　しかし、モスクがどのように設計され建てられたのかは情報が限られる。モスクの関係者も、折にふれて建築図面の所在をもとめて諸方を当たったそうだが、戦災などで失われたと言い伝えられており、その所在は不明なままだった。それに、モスクの設計者とされるスワガーの仕事の痕跡も未だ見えないままだ。

　幸運にも11枚のモスクの図面が竹中工務店に保存されていた[9]。そして同社のご提供により、この図面を見ることができた。

　図面の標題は「神戸回々教教会堂新築設計図」。竹中工務店設計部（昭和8年11月）縮尺五十分之一。以下、本書ではこの図面のことを「竹中図面」と呼びたい。11枚の図面の内訳は、モスクの礼拝堂の平面図、立

面図、断面図が合計7枚。それに建物と塔屋の断面詳細図が2枚。加えて別棟の附属家の図面が2枚あった。これを手がかりに読み取れることはないか。

まずは、この図面がモスク建設のいずれの段階で作成されたのかを見る。

先の第3章でみた1934(昭和9)年11月27日付の兵庫県知事発、内務大臣他宛の文書「在神回教徒團ノ寺院建設ニ関スル件」[10]などを参照し、再び時間の経過を整理したい。

1931年末、土地の購入が完了。さらに寄付金を募りつつ建設の準備を進める。敷地や予算の見通しが固まると建築の与条件が明確になり、具体的な建物の設計に着手できる。

1933年11月。竹中工務店が図面を作成。これが11枚の「竹中図面」だ。

1934年4月。兵庫県へモスクの建設出願が出される。県知事から各大臣宛に書かれた「在神回教徒團ノ寺院建設ニ関スル件」には「回教礼拝堂建立実行委員会」(以下：建立実行委員会と呼ぶ)の委員長「ボチヤ」より「鉄筋コンクリート造三階建(地階附)建坪四十余坪、附属家木造二階建、建坪二十余坪の回教寺院建立の出願」が県に提出されたとある。

1934年11月14日。この「ボチヤ」からの建設出願に対して、県はモスクの建立実行委員会側に建築認可「県指令建第四二二一号を以て建築認可を与え」ている。

兵庫県知事は建築認可を出す旨を、この文書「在神回教徒團ノ寺院建設ニ関スル件」として各大臣へ報告したのだ。文書の文末には「内相閣下」にはモスクの図面を添付したとある。また文書には竹中工務店との契約も建築費用とともに記されている。ただし、ここにもスワガーの名前はない。

> 市内神戸区栄町二丁目三九　合名会社竹中工務神戸支店と工事費五万円を以て建築請負契約を締結し目下起工準備中なるが本月三十日之か基礎固式を挙行の筈にして約六か月後の竣工せしむる予定なり

1934年11月30日予定の「基礎固式」すなわち「定礎式」。この様子は先の第3章にみた。

建築認可も与えられ、着工を目前に控え建物の全体像は固まっている。文書にはモスクの床面積や構造などの概要も示されている[11]。以下はその抜粋で（五）の各階の床面積は省略した。

　（一）場所　　神戸市神戸区中山手通二丁目五九ノ二
　（二）名称　　神戸モスリム、モスク（ママ）
　（三）敷地　　一二二坪七七六
　（四）構造　　本家　鉄筋コンクリート造、丸屋根、銅板張リ、
　　　　　　　　附属家　木造屋根シンダー打、防水ノ上、アスファルトタイル張リ、
　（五）建築物ノ合計面積　四〇坪六一
　　　　本家　延坪　一四二坪二四
　　　　附属家　延坪　四一坪五〇

これと「竹中図面」をみる。一見して、この建築概要を見る限り「竹中図面」に記された建物と、現在の神戸モスクの姿は似ている。構造や屋根なども同じだ。

しかし床面積は「竹中図面」に示されたものが約20坪も小さい。それにこの文書に示されている「地階」が「竹中図面」には記載がない。

そこで「竹中図面」と「在神回教徒團ノ寺院建設ニ関スル件」に記載されていたモスクの床面積、そして筆者の建築実測調査で得た現在のモスクの床面積を照らし合わせてみる（次頁の比較表参照）。

これによると「竹中図面」の床面積①と、着工前に書かれた文書「在神回教徒團ノ寺院建設ニ関スル件」記載の床面積②は、延べ床面積も各階面積も異なる。ところが、文書記載の床面積②と、現況のモスク建物（実測結果）の床面積③はほぼ一致する。

こうなると「竹中図面」に描かれたモスクの図面は、県による建築認可「県指令建第四二二一号を以て建築認可を与え」られ、文書「在神回教徒團ノ寺院建設ニ関スル件」とともに「内相閣下」に送られたモスクの図面

モスク建設準備段階の各種資料と、現況建物の床面積の比較（単位：坪）

	床面積①	床面積②	床面積③
	1933年11月	1934年11月27日	2012年12月4日
	「竹中図面」図面上に記載の床面積[*1]	文書「在神回教徒圑ノ寺院建設ニ関スル件」記載の床面積[*2]	現況のモスク建物実測による床面積[*3]
地階	なし	39.69	39.90
1階	39.1	40.61	40.78
中2階	26.2	18.98	18.50
3階	38.8	37.94	37.93
ミナレット1階	8.05	3.12	2.69
ミナレット2階	4.87	0.98	1.20
ミナレット3階	4.125	0.92	1.00
合計	121.145	142.24	142.00

[*1]「神戸回々教会堂新築設計図」一階平面図、竹中工務店設計部（昭和8年11月）、縮尺五十分之一、竹中工務店所蔵、図面上に記載の床面積表より

[*2] 外務省記録「在神回教徒圑ノ寺院建設ニ関スル件」兵庫県知事発、内務・外務・文部大臣他宛文書、昭和9年11月27日付、「JACAR（アジア歴史資料センター）Ref.B04012533000、本邦ニ於ケル宗教及布教関係雑件／回教関係 第一巻（I-2-1-0-1_2_001）（外務省外交史料館）」より

[*3] 筆者ら作成の実測図面（2012年12月4日）より

とは異なることになる。

　モスクの建築において実際の工事で用いられた図面とは異なるのだ。

　「竹中図面」は、1931年末に土地の購入を終え、さらに寄付金を募りつつ作成されたモスク建設の当初案なのだ。内務大臣に提出され、実際の建築工事に用いた図面は「竹中図面」に加筆修正した別の図面となる。ただし、内務大臣に送られた図面の所在は不明だった。

モスクを設計すること

　建築物の空間を読みとる際には、通常は工事が完了した後に作成される竣工図が参照される事が多い。

　一方で設計の途上で作成された草案のスケッチや図面は、建物が完成するまでの施主や設計者の試行錯誤の痕跡や息遣いを感じることができる。もちろん設計段階での施主、設計者、施工者の間でのやりとりも重要だ。モスクの機能や有様は、施主の建立実行委員会から設計者に要望が細かに伝えられただろう。それを受けて、日本で初めて建てられるモスクを竹中の建築家や現場の職人たちは、どのように想像したのだろう。

　その意味で、当初案としての「竹中図面」を通じて、施主の建立実行委員会、施工者の竹中工務店の関係者らが、どんなモスクを夢見つつ建てようとしていたのかが読み取れないだろうか。

　もっとも興味深い点は、わが国で初めて建設されるモスクの空間を建築の関係者がどのように発想したかだ。

　当時の建築界にはすでに「回教」文化や建築の有様は伝えられていた。西洋のみならず広い世界の建築への関心が高まる。また西欧中心に書き上げられた建築の世界に対して、日本そして東洋をしっかりと位置づけようとする機運も高まる。

　建築学からイスラーム世界をとらえた人物に伊東忠太がいる。

　伊東は「建築」という言葉を提唱し、わが国の建築史の体系を築いた。東京帝大教授を勤めつつ建築家としても築地本願寺を設計するなどの多くの仕事を成し遂げた。伊東は広い世界を視野におさめ歩いていた。伊東の1902（明治35）年3月から足かけ3年余りの「世界旅行」は各地の建築のありさまをわが国に伝えた。その過程では「回教」建築にも接近しつつ、中国からトルコなどで多様なイスラーム建築の姿をみた。この旅の過程は、ジラルデッリ青木美由紀の論考に集成されている[12]。

　世の中の「回教」建築への関心も高い。1912年には、東京帝大で「建築展覧会」が開催されている。この会では3日間にわたり伊東をはじめとする東京帝国大学の建築学科の教員が「外国より持ち帰った標本参考品」

が陳列された。新聞報道には「見るべきもの少なからず」と報じられた。その一室では教授である伊東の「回教建築写真」などが展示されて好評だったという[13]。

建築専門誌にも大正末には「回教徒の住家」と題して、ドイツの建築関連雑誌の掲載情報を基にしてシリアなどの住居を紹介する記事もイラストと図面付きで掲載されている[14]。

「竹中図面」と現在のモスク

モスクは、現在の建築の姿が決定されるまで、どのような建築空間が検討されてきたのだろう。「竹中図面」と現在のモスクを比較したい。「竹中図面」と現在のモスクの主要図面を並べてみた。

建物の当初案の「竹中図面」にあらわれているモスクの形態は、一見して現在のモスクと似ている。明らかに現在のモスクは「竹中図面」を下敷きにしつつ描き加えられたものだ。しかし先に見たように、地階の有無や面積以外にも異なる点が少なくない。

まず、建物の平面図をみる。礼拝室や廊下の規模や配置に相違はない。また建物の立面、プロポーションは現況と大きな違いはない。北側の道路に面して正面玄関がある点や、方形平面の礼拝室の正面にメッカの方角を示す壁龕の「ミフラーブ」が設置されている点、前室を持つ点など間取りに相違はない。図面には、床、壁、天井の仕上げも書き込まれている。礼拝室の天井のプラスター（石膏や漆喰を練り合わせた仕上げ材）なども現在のモスクと同じだ。

その一方で上階につながる階段位置が異なる。現在は玄関を入って右手にあるが、当初案の「竹中図面」ではモスクの南側の奥に位置している。また中2階には用途の示されていない行き止まりの「ホール」がある。3階の室には柱が部屋のほぼ中央にある。これらは使い勝手に影響しそうだ。また玄関階段は外部からの直階段だが、現況では左右2本に分けられている。

柱の配置は大幅に変更されている。屋上に聳えるミナレットの位置を意

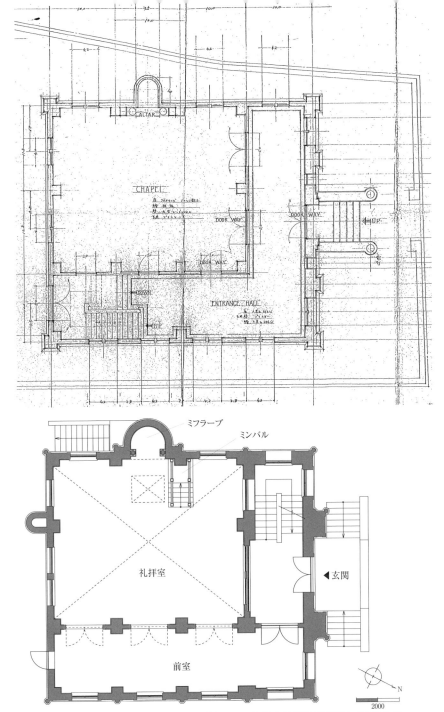

1階平面図。(上)竹中工務店設計部「神戸回々教教会堂新築設計図」(昭和8年11月)株式会社竹中工務店提供。(下)現況。破線は上部の吹き抜けと、3階の床開口の位置を示す

北側立面図。竹中工務店設計部「神戸回々教教会堂新築設計図」(昭和8年11月)
株式会社竹中工務店提供

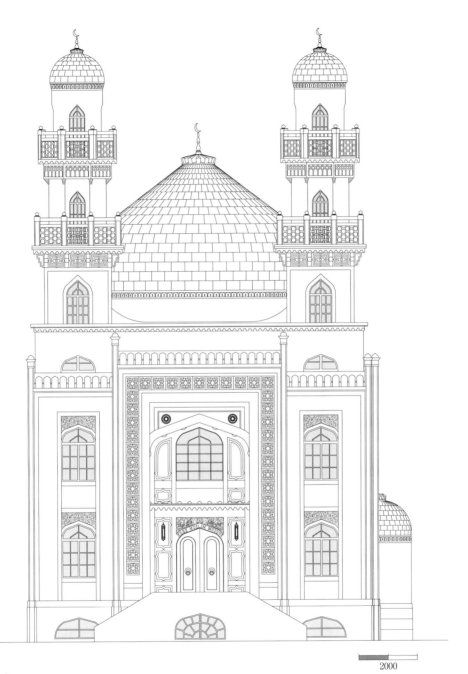

現況北側立面図。屋上の手すりの表記は省略した

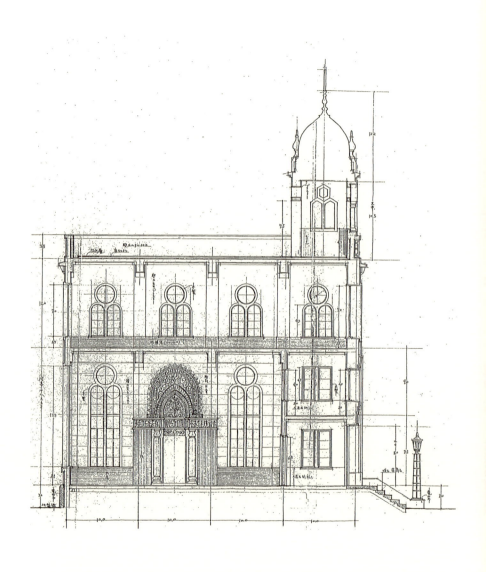

南北断面図。竹中工務店設計部「神戸回々教教会堂新築設計図」(昭和8年11月)
株式会社竹中工務店提供

現況南北断面図。断面線の位置は図面表現上、各階で若干異なる。
3階床には開口部を含んで記載。屋上の手すりの表記は省略した

識したためかスパン（柱間）が異なる。「竹中図面」とは異なり、現況のモスクではミナレットの直下の四隅には、これを支えるように屋上から地階まで連なる柱が配置されている。廊下や前室にも礼拝室と同じく等間隔のスパン（柱間）で柱が再配置されている。

現況のほうが構造的にはより合理的で、柱をバランスよく配置し上階の荷重を建物全体で支持している。断面詳細図に表記されている通り、床のハンチ（梁や床の端部を厚くした部分）が施されているのは現在のモスクと同じだ。

つぎに建物の姿をあらわす立面図をみる。「竹中図面」の立面図にみるモスクは、ほぼ現状のものと同じ高さと大きさを示している。また立面に軒蛇腹（軒先の帯状の装飾）が付けられているのも同様。しかし「竹中図面」には大ドームはない。また断面図に示される屋上の屋根スラブ（床構造）は全てが平らな陸屋根で、現在のモスクのように一部分が傾斜屋根ではない。

ミナレットは「竹中図面」にはモスクの隅に合計4本、同じ形のものが描かれていた。これに加えて建物の正面となる北側にはミナレットよりも背の低い二層程度の高さの塔が描かれている。いずれも頂部は銅板葺で仕上げられるようだ。現在のモスクは背の高いミナレットが北側の道路に面した部分に2本で、敷地奥の南側の2本は東屋のチャトリがある。頂部に小ぶりのドームがある。

「竹中図面」のミナレットの詳細図には、現在のモスクに見られるような亀甲型の意匠はみられない。また軒の飾り部分などは模型作成の上施工と記され細部は描かれず省略されている。ミナレットの上層へは、鉄の直梯子で一層毎に登ることになっている。現況のらせん階段と比べるとミナレットに登るのは容易ではないだろう。

「竹中図面」の立面図に描かれている窓の形状は現在のモスクとは異なる。「竹中図面」では窓枠などの細部は省略されているが窓の頂部を尖らせ丸窓がある。どちらかと言うとキリスト教会を思わせるデザインだ。建物隅部の飾り柱の頂部も、東洋風ながらもキリスト教会のそれでもない。

窓の大きさや形態も不揃いで部位によって様々だ。設計者らは線を引いては思案したのだろうか。「竹中図面」の詳細図には線を消した痕跡も残る。

さらに建物の細部を見たい。窓の大きさや細かな造作などは現況と異なる点が多い。モスクの1階の礼拝室で、礼拝者が向かうメッカの方角には、壁面に「ミフラーブ」が設けられる。これの大きさはおおむね現況と同じだが「竹中図面」のものはやや奥行きが深い。ここには「ALTAR」と記されている。この英単語は「祭壇」「供物台」と訳せるが、ミフラーブは機能的には祭壇や供物台ではない。またミフラーブの右側にあり説教壇となる「ミンバル」は「竹中図面」にはない。ミフラーブは2本の柱を両脇に備え、上部の飾りは「石膏で仕上げ彫刻」が施されると記されている。伊東忠太設計の築地本願寺の外観に似ていなくもない。

またモスクの附属家は神戸大空襲による戦災で焼失しているが、1階にはクローゼットを有する3室の居室が、2階には寝室、書斎、食事室などが記されている。2階には応接やモスクのイマム（礼拝の導師）らの起居も想定したのだろうか。

図面の表記方法も興味深い。図面寸法はメートル法ではなく尺貫法で記載されている。一方で、平面図の室名と図名は英語表記でCHAPEL、ENTRANCE HALL、DOORWAY、ALTARなどと記入されている。縮尺と図名は日本語と英語が併記されている。ただし「神戸回々教教会堂新築設計図」と墨書された図面表題をふくめ仕上げや施工方法はすべて日本語だった。

当時の竹中工務店では図面の表記に英語は用いなかったとされる。先に見た記念冊子『神戸モスリムモスク報告書　1935-6年』には、施主となったモスクの建立実行委員会側の「工事監督」として「ヴァリヌール・モハメッド氏」が担当したとある。冊子でもその労への謝辞が重ねて述べられていた[15]。

竹中工務店の側も外国人の多いモスクの建立実行委員会のメンバーに説明する必要があり「竹中図面」では英語の図面表記が必要だったのだろう。

第5章　施工者——竹中工務店と神戸　93

白いモスク

「竹中図面」には仕上げ材料も記されていた。壁面の上部と柱の部分は「人造石洗出し」、そして窓の間の広い壁面は「白色モルタル」、建物の基部は「根石竜山」とある。ミナレットの壁面も白色モルタル仕上げだ。

「竜山」とは竜山石のことだろう。これは兵庫県高砂市の付近で産出される各地の名建築に用いられてきた石材だ。竜山にも生成色から青みのある色まで様々な色合いがある。いずれも表面加工を施すことで異なる肌触りの表情になる。一般的な色合いの生成色の物は現在のモスクに似ている。

一方で「人造石洗出し」は細かな石をモルタルと練り合わせ、軽く固まった時点で、水で洗いだす左官仕上げの技法だ。混ぜあわせる石の大きさや色合いを変えることで様々な表情が出る。現在の神戸モスクの壁面も「洗出し」でうすい生成色だ。近年の建築仕上げの専門誌でもモスクの細部意匠の仕上げは「規則正しく並べられた装飾は繊細なものも多く、手の込んだ左官仕事がなされている」と出来ばえを評している[16]。

一見すると現在のモスクの仕上げに似ている。しかし「竹中図面」の仕上げを建物全体でみると「洗い出し」と「竜山石」の部分は「白色モルタル」の占める部分と比較すると面積がはるかに小さい。柱や建物の基壇は生成色で壁が白い。コントラストの効いたデザインだ。

もし「竹中図面」に記された仕上げのままモスクが建てられたとなると、現在のモスクとは表情が相当に異なる。当初案の「竹中図面」では全体に白い色合いのモスクが検討されていたのだ。

確かに、神戸モスクの人々の間で永年言い伝えられたように、白亜の偉容を誇るタージ・マハルにより似た姿になる。

スワガーの役割

では、誰がどのように「竹中図面」に描き加えたのか。時期的には、竹中がこの図面を完成させた1933（昭和8）年11月から、施主のモスクの建立実行委員会から県に建築認可申請を提出した1934年4月にかけての

間となる。この間の5か月余りの間に「竹中図面」が見直され現在のモスクの姿に近づいたのだ。

　筆者は、この見直しの過程にスワガーが加わったとみている。

　『モスク報告書 1935-6 年』[17]には、一連のモスクの工事の会計と寄付の詳細が示されている。ここにはモスクは「竹中工務店による建設」と記され工事金額が記されている。しかしスワガーの名前はない。スワガーへの設計報酬は工事一式を受注した竹中から支払われたのか。

　一方で、再び『モスク報告書 1935-6』を見てみると、竹中工務店に支払われた建築工事費以外に「Plans of Mosque」、すなわちモスクの計画もしくは設計図として 1000 円が支出されていた。モスクの建築工事費は木造附属家や付帯工事を含めて約 5.75 万円。もしもこの 1000 円がスワガーに対する報酬だとすると対建築工事費の約 1.7％相当額だ。ただ、これ以上の記載はなくこれがスワガーへの報酬かどうかは断定できない。

　この点は建築会社としての竹中の設計や施工の業務の進め方とも関係しただろう。

　石田潤一郎氏は、竹中工務店が元来、民間や新興の顧客との関係を大切にし、施主が何を望んでいるかを見極める力に長けていたと指摘する。また外部の建築家とも対等に付き合い受け入れていた。外国人の建築家によって設計された建築の工事事例も少なくない。スワガーが事務所独立までに働いたレーモンドの設計した建築を竹中が施工した例も少なくない[18]。加えて施主が好みの建築家を指名したうえで、施工は竹中が行う事例もあった。後述の、同社の設計部長を担った鷲尾九郎(わしおくろう)は竹中が設計を請けながらも施工は他社が行う「当社設計・他社施工」の事例は「異例中の異例」だとも記している[19]。

　その意味では、神戸モスクの場合は、すでに竹中によって設計が行われている。その後の着工までの間に、社外の者、すなわちスワガーが設計に参画したと考えられる。この様な事例は同社では珍しいという。

　スワガーは、竹中でモスクの設計をすすめる建築家らのチームに加わる。しかしスワガーが加わることで、すでに検討の進んでいた「竹中図

面」が白紙に戻されることはなかった。スワガーも彼の建築家としての指向でもって「竹中図面」を全面的に描きかえなかった。

　スワガーは、竹中の建築家らとモスク設計の当初案である「竹中図面」に示された基本路線を尊重しつつ、図面に手を入れ空間の質を高めてゆく。関工務店の関係者の証言にもある通り、スワガーは、細部は日本人技師に任せつつバランス感覚にも優れていた。

　もう一つ考えられる事は、この時点でモスク建設への寄付者が既に「竹中図面」のモスクの姿を大筋で受け入れていた可能性もある。また多くの公文書にもモスク建設に向けた動きが当局によって逐次記録されている。施主であるモスクの建立実行委員会が兵庫県へ1934年4月に建築申請を提出するさらに以前にも「竹中図面」を基に事前折衝があっただろう。これらの背景もあり「竹中図面」を白紙にせず基本路線を保持したのか。

　そしてレーモンドのスワガー評にもあるように、彼の建築設計は、より重く堅牢な傾向があった。たしかに「竹中図面」に描かれたものと比べると、図面から読み取る限り実際に建築されたモスクの方が、柱が多く梁も太い。床も厚い。その一方で柱や梁の配置は整理されている。

　当初案の「竹中図面」よりも堅牢で構造的にも洗練されている。そのうえ平面的にも室の配置が工夫されてより使いやすくなっている。

　併せてミナレットの装飾をはじめ、建物全体の意匠にもこまかな見直しが行われている。意匠には、施主側の「工事監督」のヴァリヌール・モハメッドをはじめモスクの建立実行委員会からの意向もあっただろう。これらの要求に応える事は、横浜のカトリック山手教会をはじめ多くの教会建築などを手がけ、広い世界の建築をその眼で見ているスワガーには難しくなかったはずだ。先の第4章で見た関工務店の技師の回想にもある通りスワガーのデザイン力は確かだった。

　そして、この設計の見直しの過程で、当初案の「竹中図面」にはなかった、地階が新たに加えられ、構造や間取りの再検討が行われた。ドームの工法や形態も先の兵庫県知事から各大臣に宛てた文書にあるように「丸屋根、銅板張リ」に決まったのだろう。

この変更は工費にも影響したようだ。「竹中図面」での予定工費は一式で約3.13万円だった。これは建築認可申請が提出される前の公文書に記載されている[20]。これが実際の工費は相当に増えた。『モスク報告書1935-6年』[21]には附属家をあわせて約5.75万円と記されている。附属家も当初の2階建てから3階建てに増床された。一般的に建築工事では当初の想定を上回る工費が必要になることは珍しいことではない。モスクの場合はこの設計の見直しによって生じた増額ではないか。

竹中工務店・鷲尾九郎

　モスク建築の当初案「竹中図面」には、もう一つ興味深い点があった。
　「竹中図面」の右下に記された表題欄だ。建築図面には表題欄が付される。事業所や会社ごとに様式は異なるが、物件名称と図名、作成日、縮尺、設計担当者名などが記載される。「竹中図面」の表題欄も、この時期の同社のものと同じ様式だった。
　表題欄には、竹中工務店設計部とあり、設計担当者の押印があった。
　上から順に、主任、設計、計算、製図、謄写と押印欄が縦に並びそして下端に図面の作成日が記載される。「竹中図面」の主任の欄には「鷲尾」印が、設計と製図の欄には、モスク礼拝堂の図面には「永山」の押印が、木造の附属家の図面のみ「木村」と手書きされている。計算と謄写の欄は空欄だった。
　先にみた、石田潤一郎氏らによる『16人の建築家　竹中工務店設計部の源流』[22]によると、当時の同社の大阪支店設計部長に鷲尾九郎がいる。当時の設計部内に、鷲尾姓は九郎のほかにいない。一方でモスク礼拝堂の設計と製図の欄に押印のある永山については1920（大正9）年から竹中の設計部に所属した永山豊二であること以外に記録がない。
　鷲尾九郎。1893（明治26）年、新潟県生まれ。1917（大正6）年に東京帝国大学を卒業。合名会社であった竹中工務店に入社。1926年には、大阪本店の初代設計部長に就任。1937（昭和12）年には44歳で取締役となり、その後、常務取締役、専務取締役、監査役、顧問と次々と竹中工務

店の要職を担った。1985年に92歳で逝去。

50歳代半ばの鷲尾の写真をみる。丸眼鏡をかけた引き締まった表情。この「竹中図面」の作成された1933年時点で鷲尾は40歳。

鷲尾はスワガーより8歳若い。スワガーがロシア革命から逃れ、極東をめざしたころ鷲尾は東京帝大を卒業。そしてスワガーがレーモンドの事務所を離れ、横浜に自らの設計事務所を立ち上げた頃には、鷲尾はすでに竹中の大阪本店の初代の設計部長に就任している。

鷲尾の建築家としての業績は輝かしい。

代表作には、神戸市立図書館(1921年)、堂島ビルヂング(1923年)、宝塚大劇場(1924年)、阪急ビルディング(一期・1929年～四期・1936年)、白鶴美術館(1934年)などがある。いずれも神戸や大阪の市民になじみの深い建築物ばかりだ。

鷲尾の作品には様々なデザインが現れる。平面的には機能に応じた合理的なもので、建物の外観は近代主義様式から和洋折衷様式など様々だ。

「竹中図面」が作成されたのは1933年で、モスクの竣工は1935年。この頃、鷲尾の代表作の一つ、阪急ビルディングはちょうど四期にわたった工事が最終段階に入っていた。設計部長としての管理職の業務もあっただろうから多忙を極めていただろう。

建築家としての鷲尾九郎

鷲尾の建築家そして竹中社員としての仕事ぶりはどんなものだったのだろうか。先の『16人の建築家』にこう描写されている。

> 十七年間に渡り設計部長を務め、数々の作品を世に送り出した。(略)設計者としてはプランを重視し、複雑な機能や厳しい工程のマネジメントにその能力を発揮した。外観等の意匠については部下にある程度任せるケースが多く、例えば〈東京宝塚劇場〉は石川純一郎、〈白鶴美術館〉は小林三造が専ら立面(図)を担当した[23]。(丸括弧内追記：筆者)

鷲尾は設計の技量のみならず、業務の調整能力にも一目置かれていた。

特にビッグプロジェクトや難工事、短期工事での調整力、推進力には定評があり、その真摯で篤実な人柄と芯の強さとで、竹中藤右衛門からも片腕として強い信頼を得ていた[24]。

モスクが完成した同じ年の4月、宝塚大劇場の再建工事が完了している。同大劇場は1月末に火災で全焼している。

この再建工事も鷲尾の仕事だった。歌劇団の関係者やファンのみならず、広く関心を呼んだ難工事だった。

この工事について鷲尾自身による「宝塚大劇場復興工事」と題する論考が日本建築協会誌の『建築と社会』に残されていた。

これによると再建工事は、阪急電鉄、宝塚歌劇団等の創業者である小林一三の、鶴の一声で始まったという。鷲尾によれば「燃えさかる建物を前にして2ヶ月復興4月1日開場といふ小林一三氏の発表は宝塚大劇場の火災そのものよりも、ある意味では世間を更に驚かしたといへる」

しかし短期間での再建工事が容易でないことは衆目の一致するところだった。世間も建築の専門家からも、この短期間の工事は不可能だとみなされていた。鷲尾の言葉を借りれば、たとえ成し遂げられたとしても「バラック程度」か装飾は後日にまわし「未完成劇場」で開場するとさえ噂されたのだ。それどころか、この工事は「一時死傷続出などと、デマを流布するものが有った」のだと[25]。自身も「工事に於て感情的に語りたいものは少なくない」としながらも建築家として最善を尽くすことに揺らぎはなかったと回顧している。

実際にこの論考の筆致は「感情的」どころか、再建工事の技術情報が数値入りで記されている。焼損した残存部材の強度試験の結果や仮設工事の仕様が整理されている。のちの火災を蒙った建築物の再建工事の技術資料としても有用だ。そのうえで鷲尾は述べる。

> 即ち本工事の完成を授けたものは、施工上に於ける新工夫新工法ではなくして —— 新築工事に比して、より原始的な道を進まねばならない場合すらあった —— 全く、この難工事、是が非でも完了せねばならないといふ雰囲気の力である[26]。

結果、短工期、難工事ながらも延べ4万人を超した関係者に死者は無し。怪我人も数名にとどまった。このことに鷲尾は心底安堵している。
　鷲尾自身も旅館に連日投宿し工事と格闘した。「これは一に従業員の張りきった精神力が然らしめたものであると確信する」と締めくくっている。
　こうして宝塚に華やかなステージが戻った。
　鷲尾は、建築家として確かな技術と哲学を保ちながらも、バランス感覚の優れた管理職としての力量も高く評価されていたのだ。
　建築家は工学分野の他の職能と比べても個性を世の中に表しやすい仕事の一つだろう。それでも企業社員や公務員として、組織人として働く建築家は、その仕事の成果は組織全体の果実として認識されることが多い。
　また巨大建築物の設計はチームワークの成果だ。自らの建築設計事務所を経営する立場の建築家と比べると、組織の外からはその素顔を見出しにくい。
　先に見た『16人の建築家』には、鷲尾は「デザイン力のある部下にある程度意匠を任せることで竹中工務店の作品としてよりよいものを創り出すことに腐心していたように思われる」と仕事への姿勢が描かれている。
　鷲尾と共に設計を担当した経験のある社内の建築家の述懐も残されている。
　　難しいところは鷲尾さんがみな処理してくれて、私はおいしいところだけ楽しませて貰ったようなものでした[27]。
　鷲尾はのちに、竹中社内でも支店ごとに設計部の扱いに「敬遠型」や「無関心型」など温度差があったと記している。それでも大阪や神戸の設計部門には設計者を育てる「育成型」の気風があったという。鷲尾の筆による『記　鷲尾九郎氏の備忘』にはこうある。
　　設計施工を建前とする以上、設計部の育成を心掛けることは当然で、設計部の人々を小さく固まらしてはいけない。気まま勝手な振舞は許せないが、なるべくのびのびと成長させたい。多少の桁外れは大目に見てやろう[28]。

経営者の竹中自身も、社内の建築家としての鷲尾の立場をみとめ、そして鷲尾自身も若い建築家たちを大きな気持ちで見守り育てた。
　そして鷲尾も、竹中藤右衛門を「師翁」と仰いだ。藤右衛門の逝去に際して、鷲尾が記した追悼文には、単身若くして神戸で成し遂げられた藤右衛門の数々の仕事は「身についた士魂と誠実さとが実を結んだのであろう」とその人を描いた。そして晩年を建設業界の抱える複雑な課題の克服と、さらなる発展に奔走したその姿勢を「業僕」として惜しみ讃えた[29]。
　新興の施主の夢を受け止め、社外の建築家をも加え一歩でもよい建築をめざす。鷲尾は東大建築学科出身のエリート。竹中社内でもその中枢を担った。それにもかかわらず、その眼差しは辣腕の企業マンというよりも懐の大きな棟梁のようだ。

モスクの建立実行委員会、竹中工務店、スワガーをつなぐもの
　神戸モスクの設計で、当初案としての「竹中図面」の作成以降、実際に建てられるまでの間、施主であるモスクの建立実行委員会と、施行者の竹中、そしてスワガーの間にはどんなやり取りがあったのだろう。
　図面に押印のあった竹中の鷲尾と永山は、現在のモスクの元になった「竹中図面」を作成した。そして鷲尾らとスワガーは、着工までの間、神戸モスクの設計の過程で顔をあわせただろう。
　ところが鷲尾の残した記述に見逃せない点がある。
　先の『記　鷲尾九郎氏の備忘』に自身は宗教建築を設計した機会がなかったと記しているのだ。

> 私が一度は設計して見たいと思いながら、その機会のなかったものに、宗教建築・学校建築・病院建築などがある[30]。

　これをみると、鷲尾自身は神戸モスク、すなわち宗教建築を、自ら設計した物件とは見ていなのだ。モスク設計の礎ともなった「竹中図面」の作成に永山とともに関係しながらも、ひとたびスワガーを招き入れた以上、モスクは、スワガーの仕事だと受け止めたのか。
　一方、神戸モスクの設計をスワガーから見るとどうだろう。先にも見た

とおり、スワガーは横浜のカトリック山手教会などでも鉄筋コンクリート構造を指導するなど関工務店と仕事をした経験が豊富だ。横浜の関工務店は歴史ある名門建設会社であって、関東のみならず関西でも工事を請け負っている。スワガーの設計であり、モスクの4年後に完成する大阪のカトリック豊中教会も関工務店の施工だ。

世界を股にかけてビジネスを展開した施主のモスクの建立実行委員会の関係者のこと。横浜とも往来があっただろう。もしも最初にモスクの建立実行委員会がスワガーに設計を依頼していたならば、スワガーはつながりのあった関工務店を勧めたかもしれない。

この時期のスワガーはどんな仕事をしていたのか。当初案の「竹中図面」が作成された1933年頃のスワガーは事務所独立から約3年が経過。多忙な時期を迎えていた。

彼が設計にかかわった聖路加国際病院（東京）、また建築事務所の独立後に設計したカトリック山手教会（神奈川）、カトリック福岡司教館（福岡）が竣工している。1934年のカトリック大阪田辺教会、1939年のカトリック豊中教会と関西での足跡も残る。

これまで、スワガーは横浜を拠点に建築設計に携わったととらえられていた。ところがスワガーは神戸にも代理人をおいてスワガー名の事務所を開いていたのだ。当時、外国公館や企業、名簿を集成した英字名鑑『クロニクル・ディレクトリー』（Chronicle Directory）が刊行されていた[31]。

これにスワガーの事務所と住所が記されていた。先に見た学会名簿と比べると情報が限られるが興味深い点もある。最も記載量の多いのが同名鑑1940年版だった。横浜のスワガーの事務所の所員はスワガーを含め4名。その中にピーター・A・シェルコフという人物が記され括弧書きで神戸とある。そして神戸の外国企業・事業所の一覧にスワガー建築事務所とありシェルコフの名に代理人と添え書きされていた。所在地は北野町4丁目でモスクからすぐ北の地区。シェルコフはここを住居兼事務所として妻と暮らしていたようだ。

この1年後の同名鑑1941-42年版には横浜のスワガーの事務所は「閉

鎖」と記載され、神戸のスワガー事務所は「名称変更」でシェルコフ名の建築事務所となっている。

　この名鑑の記載を基に考えると、時期的には、スワガーが神戸に代理人を置き、シェルコフがこれを担ったのは神戸モスクの仕事が終了した以降のこととなる。スワガーは神戸モスクの他、関西での設計依頼を受ける中、神戸を中心に西日本で事業展開を狙っていたのか。もしくは戦争の気配がある中、事業拠点を分散するために神戸にも設けたのだろうか。

　なぜ施主のモスクの建立実行委員会は、当初から、竹中工務店に建築工事を依頼したのだろう。こんな理由が考えられないだろうか。

　建築の準備段階では、県や所轄官庁との調整や各種の申請が欠かせない。施主であるモスクの建立実行委員会も、神戸に拠点を置き、かつ建築の実績のある竹中の力量に期待しただろう。この点ではスワガー単独に設計業務を依頼するよりは明らかに有利だ。

　また神戸は、竹中にとっても「新興建築」を拓いた黎明の地。モスクの敷地は、当時の竹中のいずれの事業拠点からも距離が近い。この距離感も両者をつないだ大きな理由ではないか。

『竹中工務店　建築写真集』

　完成した神戸モスクは、当時の建築界ではどんな受け止めだったのだろうか。

　完成した神戸モスクが、建築関係の雑誌や図書において、どの様に取り上げられたのか、様々な資料を閲覧してみた。しかしいずれの建築専門誌にも、神戸モスクがわが国で初めて建てられた建築物であるにもかかわらず、取り上げられていなかった。

　一方でスワガーの作品は建築専門誌にも掲載されている。雑誌『新建築』には横浜のヘルム・ハウスが5頁にわたって取り上げられている[32]。ヘルム・ハウスは彼の設計した横浜の外国人を対象にした高級集合住宅だ。また同誌には小さな囲み記事ではあるが、東京モスク（東京ジャーミイ）をこれは正しくはないが「我が国における最初」に建てられたモスク

とその建築を写真入りで取り上げている[33]。東京モスク「東京回教礼拝堂」についてはさらに雑誌『建築世界』でも大きく取り上げられている。合計3頁にわたり写真付きで、「吉本與志雄設計」として建築概要やその意匠の特徴が説明されている[34]。

　これらの雑誌を含み建築専門誌のいずれにも神戸モスクは掲載されていない。先の第2章に見たとおり、完成後は多くの写真家や画家の眼を惹きつけたにもかかわらずだ。

　もっとも、建築物が掲載されるのは建築専門誌だけではない。

　たとえば建築会社が編纂する社史や自社物件を記録集成する図録もある。竹中工務店も自らの建築作品を集成したもので、戦前では1924（大正13）年の『竹中工務店 承業弐拾五年記念帖』以降、刊行された合計五巻の図録がある。第二巻となる1927（昭和2）年の以降は『竹中工務店建築写真帖』（第三輯からは「写真帖」が「写真集」となる）と改題され『第四輯』がモスク完成後の1939年に刊行されている。この『第四輯』が戦前の最後の刊行となった。この五巻の図録には、竹中の手がけた主要な建築物の銀行から宗教施設、倉庫、住宅に至る、幅の広い種類の物件が700あまり記載されている。

　神戸モスクの完成後、刊行されたのは『第四輯』[35]。しかし、これにもモスクは掲載されていなかった。竹中藤右衛門による『第四輯』の巻頭言には「時局柄収録を差し控ふるのやむなき」建築があったと記されている。収録を差し控えた建築物として、名古屋の三菱重工業航空機製作所などが列記され「多数に上れり」と記されている。ただ、ここに挙げられた物件は、航空機や自動車、鉄鋼、化学製品などの工場ばかりだ。戦時統制下の軍需生産ともかかわったからだろう。

　神戸モスクが、ここでの「時局柄収録を差し控ふる」対象の建築物だったかどうかは読み取れない。それでも建物の性格が異なるのだ。

　ちなみに、戦後の1959年に竹中工務店により刊行された『六十年の回顧』にはモスクが掲載されていた。写真と名称「回教寺院」と建物の構造が簡潔に示されるが情報は限られる[36]。続く1969年に刊行される『竹中

工務店七十年史』にもモスクが掲載されている。ここには「神戸回々教会」「設計 スワガー建築事務所」とある。この編纂を委員長として率いたのも鷲尾九郎だった[37]。

『近代建築画譜』のモスク

そんな中、戦前に建築物としての神戸モスクを取り上げた、ほぼ唯一と考えられる図書があった。

モスクの竣工から1年後、1936（昭和11）年9月15日に発行された『近代建築画譜　近畿篇』[38]だ。この『近代建築画譜』は、明治から昭和初期に至る近畿地方の主要な建築物を集成したものだ。これの復刻版を監修した橋爪紳也は、戦前期までは関西には、東京とは一線を画す建築界があり独自性を有していたと評する。それを集成したものが同書だったのだ。

そして同書には、料亭やカフェ、キャバレーなども取り上げられている。いきおい建築資料の集成だと、大建築や公共建物、技術や意匠が尖鋭的な物件が収録の対象となりがちだ。その点、この『近代建築画譜』は当時の市井の暮らしの場をこまやかにとりあげている。写真を見ていても楽しい。読者の目もひいたのではないか。

序文では橋梁建設等の名門企業を興し、東大で鉄骨構造学を講じた横河民輔が、同書のねらいと意義をこう謳っている。

> 欧米の各都市には各その都市の立派な写真帳がある。が、日本に於いて斯ふした企ての遅かつたことは寧ろ不思議に思はれる。

そして明治以降の「欧風建築の直輸入は丁髷頭を断髪にしたよりも一つの脅威であり従って混乱状態を呈した」と問題意識を提示する。故に、建築界も、この過去半世紀の経験をしっかりと総括することが、今後の発展において不可欠だと提起するのだ。実際に、この時期の建築技術の進展と社会の変化は目まぐるしい。

この本の「神社・仏閣」の章、490頁に神戸モスクが取り上げられていた[39]。同じ頁には西宮カトリック教会が掲載されている。ここに記載されているモスクの建物概要の情報は充実している。

「神戸回々教寺院」
　　位置　神戸市神戸区中山手通2丁目57
　　設計　スワガー建築事務所
　　施工　竹中工務店
　　起工　昭和10年1月
　　竣工　同年8月
　　工費　53.000円
　　関係者　現場主任　福島又次郎
　　敷地　約120坪
　　建坪　本館　39坪
　　延坪　208坪15
　　高サ　60尺
　　階数　3階塔屋2階地下1階
　　附属家　3階建17坪
　　様式　サラセン風
　　構造　鉄筋コンクリート造

　ここに、モスクの設計者として初めてスワガーの名が挙がる。そして、建築様式として「サラセン風」と記載されている。
　サラセン（Saracen）とはなにか。『イスラーム世界事典』を参照したい。

　　アラビア人をさすヨーロッパ人の用語。1～2世紀のギリシャ・ラテン語の地理書に、アラビア半島の西部を指す用語としてあらわれる。（略）なおサラセンの語源については定説がない。近代ヨーロッパの知識人はかつてのギリシャ・ラテン語の用語を採用して、7～13世紀ごろまでのイスラーム世界のムスリムを総称してサラセン人とし、その帝国をサラセン帝国と呼んだ[40]。

　西欧社会から、異文化としてのイスラーム世界をとらえた際の呼び名だったのだ。サラセンという語は西洋文明とともに明治には日本にも伝わっており、教科書にも用いられる等、一般化していたという。

これが建築の様式としても現れる。インドや東南アジアの英国の植民地に多くあらわれる建築様式もそうだ。植民地では、英国人の建築家らにより植民地支配の拠点となる官庁や駅、学校などの公共建築物が設計されてゆく。その際には支配を受ける側、現地のナショナリズムの高まりを考慮する必要があった。そこで西洋の古典的な建築様式を一方的に持ち込み植え付けるだけではなく、伝統要素であるイスラームなどの現地の建築文化を取り込んでゆく。19世紀後半にはインド・サラセン様式として多くの建物が建てられ始めた。建築物の工法は西洋の新技術を用いながらも、玉葱型のドーム、尖頭アーチ、タワー、飾り窓などが特徴的だ。

　神戸モスクが建てられた頃にはサラセンはわが国の建築界でも認識されている。たとえば伊東忠太は、自ら設計した築地本願寺の意匠について「ある人はこれはサラセン式で印度式ではない、設計者はサラセン式と印度式との区別を知らぬと見えると或る建築雑誌に発表された」と新聞記事に記している[41]。少なくとも建築の専門家の間ではサラセンとは何か、どの様な建築物かは認識されていたのだ。

　サラセンによる建築はモスク以前にも神戸に出現している。例えば先の第1章に見た「二楽荘」もそうだ。1910年に六甲山の南稜に建てられた大谷光瑞の別邸の外観はタージ・マハルを模したとされている[42]。建築の助言に当たった伊東忠太は、施主の大谷光瑞の意向で「外観を印度サラセン様とせるも、伯（大谷光瑞）の註文に出たるものなり」（括弧内：筆者）と記している[43]。設計にあたった本願寺の技師・鵜飼長三郎は外観の「印度サラセン式」を意識しつつ邸内の各室を「印度、支那、英国、アラビヤ、エヂプト等」に巧みにデザインした。建物は木造で、床や壁に籾殻を充填し断熱や防音する工夫も施した[44]。

　『近代建築画譜』はモスクの竣工から間もなく刊行されている。

　施主、施工者ともに関係者は神戸モスクの建築を「サラセン風」だととらえたのだろう。このことは設計者が何を意識し、また完成後にどのように受け止められていたかを示唆する。

　同書にもう一つ興味深い点がある。『近代建築画譜』の「編集顧問」だ。

ここにも鷲尾の名があったのだ。同書は建築界の錚々たる5人が編集顧問をつとめ編まれた。京都帝国大学・建築学科教授などをつとめ関西建築界の父と称された武田五一。そして大阪府技師などをつとめ自らの事務所を率いた葛野壮一郎、清水建設の飯高達夫、大林組で要職を勤め甲子園球場を設計した今林彦太郎。そして竹中工務店設計部長、鷲尾九郎。

これと先に見た『竹中工務店 建築写真集』を並べてみる。

竹中の自社物件を収録した『竹中工務店 建築写真集』の内容は、社内の要にあった鷲尾は知っていただろう。これにはモスクは掲載されていなかった。一方、竹中の『建築写真集』とほぼ同時期に刊行された『近代建築画譜』には神戸モスクが掲載されている。そこには設計者として「スワガー建築事務所」、そして竹中の施工と記されているのだ。

モスクの設計過程、そしてこの『近代建築画譜』には、竹中と鷲尾、そしてスワガーの姿が浮かんでは消える。

『近代建築画譜』の編纂では、5人の編集顧問の間でも掲載する対象の建築物について自薦他薦があっただろう。その結果、モスクが掲載され、設計者はスワガーと記された。

市井に建つ多彩な建築物をとりあげた同書の編纂方針が作用したのだろうか。また編集顧問となった建築家らの自由さもあったのか。彼らの間でモスクについてどんな議論が交わされたのだろう。そしてなぜ『近代建築画譜』には、設計者としてスワガーの名前が記されることになったのか。

これには、鷲尾をはじめとする竹中の社風も影響したのか。当時から竹中は外部者を大切にする社風があったとされる。それに先に見たとおり、鷲尾は彼の「備忘」に、宗教建築を設計したいと思いながらもその機会がなかったと回想している。

鷲尾らは社内で「竹中図面」を作成したのちに、スワガーをモスクの設計に招き入れた以上、モスクはスワガーの仕事だと見たのだろう。この事を、ロシア革命から逃れ来日した外国人建築家スワガーの技量を認めた証としてとらえてもよいだろうか。

そして何よりも大切なことは、この『近代建築画譜』にスワガーの名が

記されなければ、後に彼がモスクの設計者として、これほどに広く世に知られることがなかったかもしれないのだ。

一連の過程を鑑みるに、神戸モスクは、竹中工務店の当初設計案「竹中図面」に、スワガーによるこまやかな加筆が重ねられることで現在の姿に導かれた。それが今、我々の見る神戸モスクなのだ。

モスクの設計は、スワガーと竹中工務店の建築家らの果実と見てもよいのではないか。

「都市武装」の時代の建築家たち

竹中藤右衛門は1920年頃、およそ半年間の欧米視察に赴いていた。

その道中、第一次世界大戦の後の流転する世界の様をその眼におさめた。同年の初冬に帰国した際、藤右衛門は鷲尾らを前に「いつになったら米国に追いつけるのだろうか」と語ったという[45]。

その視察から15年後。1935（昭和10）年に刊行された『竹中工務店建築写真集　第三輯』の巻頭言は藤右衛門によってこんなことが記されていた。モスクが建てられたその年だ。

藤右衛門は建築技術の進歩に手がかりを感じていた。

> 関東大震災後の我邦建築は、一般に耐震耐火に重きを置く傾向を示し、其後函館の大火近くは関西風水害等の教訓は、益々この傾向を助長せり、（中略）総て近代科学を応用して、建築物の実質的向上を促しつつあることと、各種の建築材料か概ね国産品を以て充足し得るに至りしことは、方に我邦建築史上一画期に値すと云うを得へし[46]。

『近代建築画譜』にも紹介された、戦前の関西で次々に開花した優美な建築群。そこには、関東大震災を経験しつつも、建築家たちが探求する華があった。そしてカフェやデパートなどの洗練された建築空間を楽しむ街の人々の姿があった。

竹中も「新興建築」の手ごたえをさらに感じていただろう。

竹中藤右衛門の論及にもある通り、関東大震災などの災いは、建築の担い手として彼らの技術をより確かにし、建物をより堅牢にしていった。建

築家らは、様々な制約をくぐりぬけ限られた工期と予算で、より美しく使いやすい建物を次々と設計し建ててゆく。

　しかし、この時期の建築界には戦時の影が迫っている。

　建築専門誌の誌面にも戦争の脅威を意識した記事や広告が目立つようになる。空襲に備えた遮光性の高い「防空遮光暗幕」、不燃性の高い建材の広告などだ。

　先に見た、鷲尾による「宝塚大劇場復興工事」の論考が掲載された『建築と社会』誌面の冒頭にも近畿地方での防空大演習に際し「都市の武装」や「防空防火耐震建築」の促進に取り組んだ記録集を刊行した旨の会告が載っている[47]。

　建築も、戦争に向けた「武装」の時代に呑み込まれてゆく。

　神戸モスクは1943年に海軍に接収される。完成してからわずか8年後のことだった。その1年後、鷲尾らの奮闘によって、再建復活を遂げた宝塚大劇場も海軍に接収されている。

　竹中工務店の建築家として、そしてよきリーダーとして、設計部の建築家たちをみちびいた鷲尾。

　遠くボヘミアから辿り着いた横浜で、自らの事務所を立ち上げ「建築設計技師」「土木技師」として、建設の最前線で「べっぴん」な建築を目指したスワガー。

　建築家たちは、刻々と迫る「都市武装」の時代の中、どんな思いで設計図に向かっていたのだろうか。

注

1　竹中工務店九十年史編纂プロジェクトチーム、1989『竹中工務店九十年史 1899-1989』竹中工務店、p.36。

2　竹中大工道具館「展示パネル：神戸における事業拠点の変遷」（閲覧日：2015.12.22）。

3　竹中工務店九十年史編纂プロジェクトチーム、1989、既出、p.37。

4　竹中工務店、2008「ポスター：神戸と共に歩んできました」竹中工務店神戸支店。

5 竹中工務店九十年史編纂プロジェクトチーム、1989、既出、p.38。
6 竹中大工道具館、展示パネル、既出。
7 石田潤一郎、歴史調査WG、2010『16人の建築家　竹中工務店設計部の源流』井上書院。同書の年譜には神戸モスクの竣工した1935年には、雲仙観光ホテル、名古屋宝塚劇場、朝日新聞社京都支局、浪華高等商業学校、武藤山治記念館、湊町ビルが掲載されている。
8 同前、p.Ⅵ。
9 同様の図面の1階平面図と東西立面図の2面は以下の報告書に掲載されている。兵庫県教育委員会事務局文化財室、2006『兵庫県の近代化遺産――兵庫県近代化遺産（建造物等）総合調査報告書』兵庫県、p.193。
10 外務省記録「在神回教徒團ノ寺院建設ニ関スル件」兵庫県知事発、内務・外務・文部大臣他宛文書、昭和9年11月27日付、既出。
11 同前。
12 ジラルデッリ青木美由紀、2015『明治の建築家伊東忠太オスマン帝国をゆく』ウェッジ。
13 東京朝日新聞「建築展覧会」1912.4.11。
14 木村幸一郎、1924「回教徒の住家」、『建築新潮』洪洋社、5巻1号、pp.17-20。吉寺閉郎、1925「回教徒の住家」、前掲誌、6巻7号、pp.21-23。
15 Kobe Muslim Mosque, 1936, op.cit., p.6.
16 「神戸ムスリムモスク」、『月刊建築仕上技術』工文社、35（412）（2009年11月号）pp.24-25。
17 Kobe Muslim Mosque, 1936, op.cit., pp.12-13, pp.20-21.
18 石田潤一郎、歴史調査WG、2010、既出、pp.140-141。
19 鷲尾九郎（著）、竹中工務店・経営企画室歴史アーカイブスグループ（編）2014『記　鷲尾九郎氏の備忘』竹中工務店、pp.26-27。この「異例中の異例」については、鷲尾はいくつかの物件の事例を挙げたうえでその経緯を書き記している。なお、同書は1971年から74年にかけての鷲尾の備忘録を集成したもの。
20 外務省記録「在神回教徒團ノ寺院建立計画ニ関スル件」兵庫県知事発、内務・外務・文部大臣他宛文書、昭和9年3月29日付「JACAR（アジア歴史資料センター）Ref.B04012555900、各国神祠及寺院関係雑件（I-2-2-0-1）（外務省外交史料館）」。
21 Kobe Muslim Mosque, 1936, op.cit., pp.12-13, pp.20-21.
22 石田潤一郎、歴史調査WG、2010、既出、p.32。
23 同前、p.32。
24 同前、p.33。

25 鷲尾九郎「宝塚大劇場復興工事」、『建築と社会』日本建築協会、18 輯・8 号（昭和 10 年 8 月 1 日号）、p.8、p.16。
26 同前、p.15。
27 石田潤一郎、歴史調査ＷＧ、2010、既出、pp.36-37。
28 鷲尾九郎（著）、竹中工務店・経営企画室歴史アーカイブスグループ（編）、2014、既出、p.41。
29 鷲尾九郎、1967「竹中藤右衛門翁」、『経済人』関西経済連合会、21 巻 8 号、1967 年 8 月号、pp.56-59。
30 鷲尾九郎（著）、竹中工務店・経営企画室歴史アーカイブスグループ（編）、2014、既出、p.167。
31 The Japan Chronicle, 1940, Chronicle Directory for Tokyo, Yokohama, Osaka, Kobe, Nagoya, Kyoto, Shidzuoka, Nagasaki, Kyushu, Moji, Hokkaido, Shimonoseki and Korea, Formosa & Manchoukuo also alphabetical list of foreign residents, The Japan Chronicle, Kansai Branch. 同名鑑の 1928 年版から 1941-42 年版の各号を参照。同名鑑にはスワガーの滞日期間のすべてが網羅されているわけではない。同名鑑の 1928 年版に住所の気付として、東京のレイモンドの事務所が記さていた。それが 1929 年版に横浜の山手となる。スワガーの事務所は 1933 年版から掲載されている。なおシェルコフの名が初めて同名鑑にあらわれるのは 1938-1939 年版から。彼は北野町に移り住む以前は、灘区篠原本町に住んでいた。これに併記された住所の気付には「Liebermann Waelchli & Co.」の大阪とある。リーベルマン・ウェルシュリー。スイスに本拠を置く総合商社。同名鑑の業務項目にはロレックスの輸入代理店などと挙げている。大阪と神戸の支店には併せて 30 人強の社員の名前が記されていたがシェルコフの名はなかった。彼はこの商社と関係したのちに、スワガーの関西の仕事を担ったのだろう。
32 「ヘルム・ハウス」、『新建築』新建築社、14 巻 5 号（1938 年 5 月号）、pp.219-223。
33 「回教教会堂（渋谷大山町）」、『新建築』新建築社、14 巻 8 号（1938 年 8 月号）、p.363。
34 吉本與志雄、1938「東京回教礼拝堂に就て」、『建築世界』建築世界社、32 巻 6 号（1938 年 6 月号）、p.83。この他、図版が表題「東京回教礼拝堂」として同誌の pp.18-19 に掲載。このほか以下にも同種の記事がある。「東京回教礼拝堂」、『建築雑誌』建築学会、第 52 輯 642 号（1938 年 9 月号）、pp.1067-1071。
35 竹中工務店、1939『竹中工務店　建築写真集　第四輯』竹中工務店、（復刻版：石田潤一郎〈監修〉、2015『竹中工務店　建築写真集』写真集成・近代日本の建築Ⅲ、19、ゆまに書房）。

36 竹中工務店、1959『六十年の回顧』竹中工務店、p.29。
37 竹中工務店七十年史編纂委員会、1969『竹中工務店七十年史』竹中工務店、p.245、後記。
38 近代建築画譜刊行会（編集顧問：武田五一、葛野壮一郎、飯高達夫、今林彦太郎、鷲尾九郎）1936『近代建築画譜　近畿篇』近代建築画譜刊行会、（復刻版：橋爪紳也〈監修〉、2007『復刻版・近代建築画譜　近畿編　全1巻』不二出版）。
39 同前、p.490。
40 片倉もとこ（編集代表）、2002『イスラーム世界事典』明石書店、pp.208-209。
41 東京朝日新聞「日本の社寺建築（一）」1935.6.16。
42 龍谷大学龍谷ミュージアム・和田秀寿（編）、2014「二楽荘と大谷探検隊　シルクロード研究の原点と隊員たちの思い」龍谷大学・京都新聞・神戸新聞、p.60。
43 伊東忠太、1913「二楽荘の建築」、『建築工藝叢誌』建築工芸協会、第20冊、p.137。
44 鵜飼長三郎、1913「二楽荘建築工事概要」、『建築工藝叢誌』前掲誌、p.138、p.140。
45 鷲尾九郎、1967、既出、p.58。
46 竹中工務店、1935『竹中工務店　建築写真集　第三輯』竹中工務店、巻頭言序文、（復刻版：石田潤一郎〈監修〉、2015『竹中工務店　建築写真集』写真集成・近代日本の建築Ⅲ、18、ゆまに書房）。
47 「会告：都市武装促進委員会記録刊行発売ノ件」、『建築と社会』日本建築協会、18輯・8号（昭和10年8月1日号）。

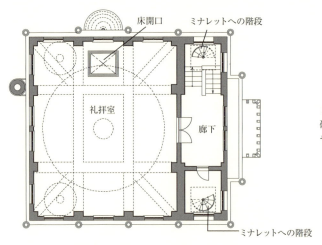

3階平面図
破線は屋上のドームや梁の位置を示す

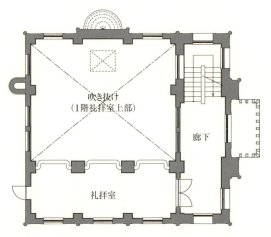

中2階平面図
破線は3階の床開口の位置を示す

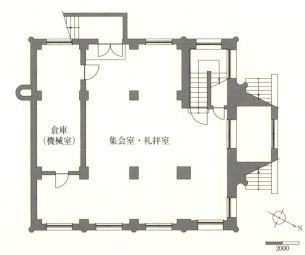

地階平面図

屋根伏図

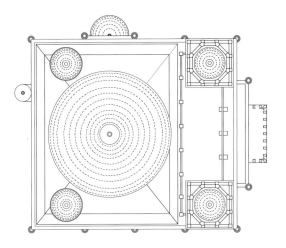

ミナレット 2・3 層
平面図

ミナレット 1 層
平面図

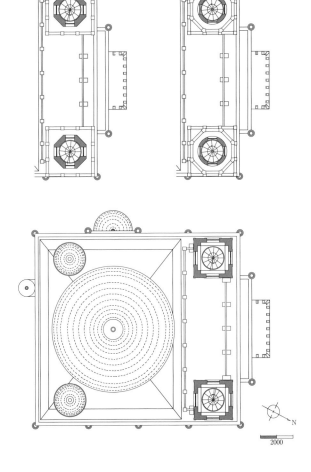

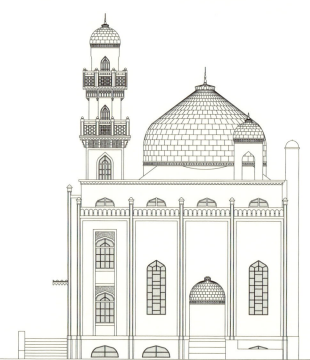

西側立面図
なお、各立面図の屋上の手すりの表現は省略した

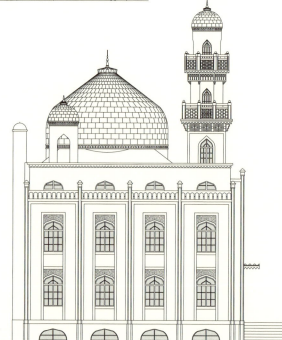

東側立面図

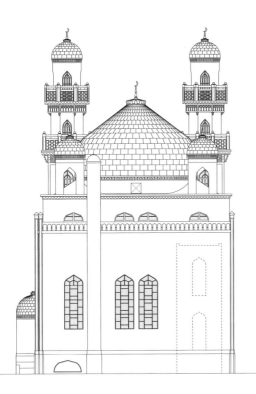

南側立面図
破線は別棟との接続
部を示す

東西断面図
断面線の位置は図面
表現上、各階で若干
異なる。ミンバルと
3階床開口部を含ん
で記載した

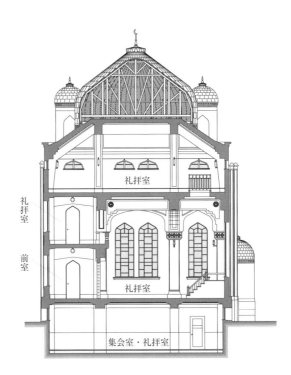

第6章 完成──モスク建立と街の風景

　モスクは、晴れて、完成の時を迎えた。
　完成を祝う会は大きなもので2度開催された。1回目は1935（昭和10）年8月2日のモスクの献堂式で、2回目は同年10月11日の祝賀会だ。

献堂式 1935 年 8 月 2 日
　この祝賀の模様については、『神戸モスリムモスク報告書　1935-6 年』に描写されている。

> 日本はもとより印度、ロシヤ、ドイツ、満州、支那、トルキスタン、ジャヴァ、エジプト、アフガニスタン等関係各国から遥々来朝した多数の男女教徒を迎へフイローズデイン氏の手によって献堂式を挙行しました[1]。

　この日は金曜日。金曜は日々の礼拝の中でも大切な意味を持つ。
　多くの信徒の人々が祝うなか、神戸モスクではじめての金曜礼拝が行われた。礼拝をよびかけるアザーンはモスクのミナレットからフイローズデイン（フェロズディン）がとりおこなった。

> フイローズデイン氏は寺院正面に歩みを進め短いながら力強い調子で以後六ケ月間の寺院経費を引き受けようと述べ特に用意された銀の鍵で扉を開き、美しい日出づる国に始めて生れたイスラム寺院の開院を宣言、続いて一同は口々に「アラーホ・アクバル」（神は偉大なるかな！）と唱へながら入場しました。

　この献堂式を迎えたモスクの様子はこの日以降、続々と地元の新聞でも報じられていた。日本で初めてのモスクに、記者も筆に力がはいる。

> 港都の夜空に　映ゆ聖光"三日月"いよいよ竣成した回々教会堂

熱砂の国特有のクラシックなアラビア風回々教会堂が国際港都にふさはしい颯爽たる姿で山手の一角に登場した。勿論我が国最初の会堂で場所は神戸区中山手通二丁目。神戸在留インド人ならびにトルコ・タタール人等回々教徒三百名の醵金それに本国の応援を求めて得た浄財六万円を投じて竹中工務店によって建設されたものである。建坪は四十坪、三階建て（ドームとも地上七十尺）鉄筋コンクリート造りで外部はアラビア情緒を多分に盛ったクリーム色、而もドームの先端にはネオンサインになる教章「三日月」が夜空に聖光を放つといふモダーンなものである[2]。

　この記事にはモスク建物の写真がつけられていた。特に「三日月」が目を引いたようだ。また記事には、建物の面積などのほかに、竹中工務店が建設したと記されている。新聞記事に他紙をふくめて竹中工務店の工事であると記されたものは限られる。一方、スワガーの名前はここにもない。

　この献堂式の後も様々な祝賀は続いた。
　オリエンタルホテルの大広間では、来日中の有力者を囲んだ会も9月に行われた。記事によるとこの会へは、知事と市長の名代ほか300人が参列した。

　　回々教寺院の盛大な披露宴　神戸在留のインド、トルコ、タタール会回々教徒の宗教殿堂としてシークな姿を神戸中山手通三丁目の高台に現した回々教寺院は鉄筋コンクリート建、クリーム色に明粧を施した崇厳な建物であるが、この披露宴が二日午後四時から前インド回々教聯盟会長ミヤン・アブドル・アジズ氏の来神を機に元居留地オリエンタルホテルで開催（略）[3]

　当時の英字紙『ジャパン・クロニクル』に掲載されていた広告によると、オリエンタルホテルは洗練されたサービスを誇っていた。部屋は一泊5円から。ロビーラウンジではアフタヌーンティーが楽しめた。フィリピン人カルテットによる演奏もある優雅な空間だ[4]。

　別の日の『ジャパン・クロニクル』紙面には、オリエンタルホテルでの祝賀の模様が写真つきで掲載されていた。紙面の写真の解像度には限界が

港都の夜空に映ゆ聖光"三日月"

いよいよ竣成した回々教會堂

廿七日開堂式擧行

神戸に在留インド人等回々教徒三百名の醵金それに本國の應援を得て竹中工務店によつて建設されたものである●タタール人等回々教徒は來朝した晩はアブジュール氏歡迎ティ・パーティを二日午後三時五十分からオリエンタル・ホテル四階大廣間で開催、知事、市長（何れも代理）ほか知名士約三百人知名士約六百名が參列することになつている

神坪は四十二坪、三階建（ドームとも地上七十七尺）鐵筋コンクリート造りで外部はアラビア情緒を多分に盛つたクリーム色、而もドームの失端にはネオンサインに聖光を放つといふモダーンになる教堂「三月」が夜空にわざわざ來朝した元インド回々敎開會堂長ミアン・アブジユール氏の庇蔭の下に廣大なる開堂式を擧行するがこれには全各地から内外堂に登壇した、勿論我が國最初の會さはしい爆爽たる麥で山手の一角映紗の國特有のクラシックなアラビア風同々敎會堂が國際港都にふ

來る二十七日午後三時四十五分

〇……竣成した回々敎會堂外觀と圖内ミアン・フブジユール氏

新聞報道されたモスクの完成と写真（『神戸又新日報』1935年9月3日）。なお、記事中の「開堂式」の日程は、実際とは異なっている

あるが、高い天井の会場には白クロスがかけられたテーブル席が並び会食を楽しむ様子が報じられている。またこの記事には10月11日に祝賀会が開催される旨、記されていた[5]。

祝賀会 1935年10月11日

献堂式からほぼ2か月後の10月11日に祝賀会が行われた。

『神戸モスリムモスク報告書　1935-6年』には、献堂式の「以来祈祷会は規則正しく続けられましたが、当時は暑い時候」だったので祝賀会は10月に開催したとある。

『ジャパン・クロニクル』の告知欄にも、祝賀会がトアホテルで午後4時30分から開催されるとあった[6]。この祝賀には「日本官民諸名士を招待して喜びを分かつ」会としてひらかれた。一行は、モスクを見学した後にトアホテルにむかった。先の第1章で述べたとおり、トアホテルはモスクからもほど近いトアロードの坂を上りきった位置にあった。

『ジャパン・クロニクル』には第2面の全面記事でモスクの完成が報じられている。記事には「新しいムスリムモスク　すばらしき成果」とある。モスクの写真が中央に掲げられている。その周りにボチアや神戸市長らの写真が掲載されている[7]。

記事にはモスク建設に貢献した寄付者の氏名が記され、建設に貢献した人々の名前が記されている。この紙面の下半分は、モスク建設に関係した20を超す商店や企業の祝賀広告がならんでいる。祝賀欄の中央上段には竹中工務店の祝賀広告もあり「TAKENAKA KOMUTEN」とある。そごう百貨店や、オリエンタルホテル、トアホテルの広告も載る。これは通常の『ジャパン・クロニクル』の紙面のデザインとは異なり、祝賀記事として制作されたのだろう。

地元紙の取り上げも大きかった。祝賀会の予告記事として神戸又新日報には、「日本のメッカ」の完成であると報じるとともに、来賓の名前も挙げられていた。

　日本のメッカ　印度満州らの代表参加する　けふ神戸回教の献堂式

ジャパン・クロニクル紙に掲載されたモスクの祝賀 (*The Japan Chronicle*, 1935.10.11. 神戸大学附属図書館提供)

　神戸在住の回教徒三百余名の努力で出来上がった日本最初のマホメットの聖なる殿堂――神戸区中山手通二丁目の神戸フイフイ教会ではいよいよ十一日午後四時から盛大な献堂式を挙げることになった。この日「日本のメッカ」に集まるもの満州イスラム協会総裁川村狂堂氏、全インド回教聯盟会長M・A・アジズ氏など全アジアの同教代表者約五百名で献堂式は来賓一同寺院内部観覧後、トア・ホテルで開式、代表有志の祝辞などあるはずである[8]。

　献堂式の出席者に名が挙がっている「満州イスラム協会総裁川村狂堂氏」とはだれか。川村の出身は福岡で金沢の旧制四高で学んだとされる。後にイスラーム教に改宗し、戦前期に中国大陸や日本の間を往来していた。北京で回教研究会を組織し『回教』という専門誌を創刊している[9]。川村はモスクの献堂式には中国から参加している。

祝賀会には来賓として神戸市長の勝田銀次郎も出席している。以下は神戸又新日報の記事より。

"ホホツ"と勝田さん　ネオンの三日月教章に感心　エキゾチツクな回々教寺院　国際港都神戸に新しく登場した異国風景、熱砂の地メッカ情緒もたっぷりな神戸回々教会堂の献堂式は十一日午後四時から内外知名士約五百名を招いて盛大に挙行された、折柄空は薄曇り、会堂左右に聳えた七十尺の大ドームには三日月の教章が青い聖光を放ち豊かなアラビヤ趣味は人の眼を射るに充分だ。来賓一同は先ず中山手通二丁目の会堂を参観し引つづき午後四時半からトーア・ホテルで献堂式に移った。来賓には勝田市長榎亜商工会議所副会頭、藤村パ国名誉領事始め各国領事、外人商工会議所副会頭ジョネス氏らの顔も見へた。最初Ｍ・Ｍ・スターク少年が教歌コーランを朗誦、次いでＰ・Ｍマスター氏が開会の辞を述べ全印度回教連盟Ｍ・Ａ・アジツ氏の祝辞を述べ更に日、英、土、印、アラビヤ五ケ国語で喜びを交歓し美しい国際親善の花を咲かせ同六時半成祝裡に閉会した[10]。

記事中の「勝田市長」、勝田銀次郎。この人も、当時の神戸の繁栄を語る上で欠かせない人物だ。勝田は27歳で貿易会社を興し神戸を代表する海運会社に育てた「海運王」としても知られた。しかし会社は1929（昭和4）年に倒産。雌伏の時を過ごすが、周囲の懇願をうけ第八代の神戸市長に就任。往年の大物政治家。風貌は英国紳士。気性はいわゆる瞬間湯沸かし器。「青筋市長」との異名さえあった。そのほかにも「大物市長」「鉄腕市長」「港湾市長」「道路市長」と歴代市長のなかでも圧倒的に多くの異名で市民に親しまれていたという[11]。

在任中、勝田は積極的に神戸の都市開発と港湾の近代化を進め1941年まで重責を担った。勝田の業績は、後の歴代の神戸市長らからも一目置かれていた。特に都市開発へのビジョンは大きく、周囲に賞賛されていたという。のちの「株式会社神戸市」に至る源流は勝田にあるのか。

勝田は若い頃に外国語を学び世界への関心が強かった。海運業そして港町神戸を通じて、ひろい世界を展望する勝田の眼には、モスクの開堂はど

う映ったのだろう。

　勝田は『神戸モスリムモスク報告書　1935-6 年』にも祝辞を寄せた。

　　回々教寺院開院式に当たり余は神戸市長として寺院建立委員に対し心からの祝辞を呈することを欣快とするものである。（略）この寺院の出現は神戸市の如き国際都市にとって誠に相應しいものであって己に多くの名所を有する本市にさらに一つの名所を加えるものである。（略）年と共に日本と回々教国との関係は密接の度を加えたのであるがこの礼拝所は日本と回々教国との親善の強力なる楔たらん事を切望する次第である[12]。

　こうして神戸モスクは信徒の間だけではなく、神戸の政財界、そして、ひろく市民にひろめられた。

　一連の祝賀会での披露や報道を通じて、先の章にも見たとおり、モスクは次々と写真、版画や絵画の被写体となってゆく。

　モスクは神戸を訪れる人々の目にも留まった。小説家の中里介山もその1人だ。中里は『大菩薩峠』を著すとともに生涯、独身主義者を標榜し「独身会」を組織した人物としても知られる。

　その中里の「閑人匆忙」と題した新聞コラムに神戸モスクがとらえられていた。中里は諸方の都市への旅の印象を述べつつ、東京は「記念建築に乏しい」と嘆いた。そのうえで神戸訪問の際にみたモスクの偉容に感嘆している。

　　もう一つ、神戸にあって東京にないもの、否東京だけではない、日本全国に神戸だけしかないと思はれるものは回々教の寺院である。余輩はこの回々教の寺院を訪れて逐一その建築と内部を見せて貰った上に、師父（イマム）マデアル・シャムニー師とも会見して暫しの会話を試みた[13]。

港を望むモスク

完成した神戸モスクは、神戸の景色に溶け込んでいった。

　このころに撮影された航空写真がある。先の第1章でもみたモスクがで

昭和11年神戸市街地航空写真・三ノ宮駅付近。矢印でさした建物が神戸モスク（神戸市文書館提供、筆者加筆）

きた翌年1936（昭和11）年に神戸又新日報社が撮影した一葉だ[14]。

これをみると神戸の街並みの多彩さがよくわかる。港に近い部分には居留地を含め、背の高い建物が建っている。その中央を横切るように鉄道の高架が通り中央に三ノ宮駅が見える。駅の周辺は、道路工事や新しい建物の開発の途上だろうか大きな空地がある。

そこから北側は背の低い建物が軒を連ね密集している。家並みは、生田神社の杜を囲みつつ、多くの外国人が暮らした山手まで続く。山手には外国人の住宅と思われる比較的に大ぶりの建物が写っている。狭い道が建物の間を縫う中、トアロードの広さが目立つ。坂の上には「神戸移住教養

第6章　完成――モスク建立と街の風景　125

完成直後のモスクと六甲山系（1935年9月撮影、毎日新聞社提供）

所」に改称された国立移民収容所も写っている。

　この写真の中央上、坂の上の山手に神戸モスクが写っていた。モスクは周辺の低層の建物群に囲まれるようにあり2本のミナレットと白い壁面が写っている。モスクの周りにも海手の方角にも眺めを遮る大きな建物はない。

　周囲には後に「異人館」とも呼ばれる洋風の住宅が建ち並んでいたとはいえ、モスクは明るい色の鉄筋コンクリート造の建物。そして2本の尖塔が屹立し、大きなドームを屋根に据えたモスクは、街をゆく神戸市民のみならず、入港する船乗りの目を引いたに違いない。

　モスクの近景写真もあった。『神戸モスリムモスク報告書1935-6年』に掲載されている写真だ。この写真は毎日新聞社により1935年9月に撮影されたものだ。この写真は同じ年の10月10日紙面に掲載されている[15]。

　写真にはモスクの南西の方角から山麓の北野方面、六甲山系の摩耶山が写る。市街地は緑が多く建物の形も様々だ。モスクの周りにはベランダのある2階建ての西洋風の建物が並ぶ。モスクの周辺は西洋風の街並みだったのだ。

　この写真の構図に似たものが、写真家の中山岩太の作品にも「北野遠景」と題されあった。構図はほぼ同じだが、モスクの周りの樹木の形や、建物の角度、陰影が異なる。中山の写真は1939年頃に撮影されている[16]。

　この2葉の近景写真はどこから撮影されたのか。

　写真の構図から見て、モスクのドームと同じ位の高さの比較的に高い所から撮影されたようだ。当時、モスクの南西の方角にあって背の高い建物。

　これに該当する建物は現在「北野工房のまち」となっている旧・北野尋常小学校（北野小学校）が唯一だ。同小学校の3階建ての校舎は、モスクができる4年前の1931年に竣工している。中山らがモスクを撮影した場所はこの屋上からだろう。

　この小学校の屋上からのモスクと街の風景は、この先も折にふれ写真にとらえられる事になる。

モスクの空間

こうしてモスクは完成し、神戸の人々の目にも馴染みはじめる。

先の神戸市長の勝田銀次郎の祝辞をもう一度参照すれば「神戸市の如き国際都市にとって誠に相應しいものであって己に多くの名所を有する本市にさらに一つの名所」となった。

もちろん信徒の人たちにとっては、念願の祈りの場の完成だ。

多くの信徒の人々にとって、祖国を遠く離れた神戸にモスクを得た喜び。心の平安は大きかっただろう。

モスクはアラビア語の「マスジッド」からきている。モスクは英語（mosque）での呼び方であってマスジッドが転訛したものだ。

そしてこのマスジッドの語は「平伏する場」を意味する。羽田正によると、この平伏するという言葉の意味からすればモスクはどのような形態をとってもよい。平伏し礼拝する場所がすなわちマスジッドなのだと[17]。

1日に5度の礼拝は、モスク内のみで行われるのではない。清浄な場であれば、いずれもが礼拝の場になる。そしてイスラームには民族や地域を超えた共同体としての認識がある。モスクはすべての信徒に開かれている。旅の途上の礼拝者にも開かれている。

松枝到は、パキスタンの砂漠の只中にみた祈りの場について驚きをもって記している。松枝が砂漠を横断する道中、ところどころに、こぶし大の石で囲まれている場所があるのを見つけた。石は陣取りのようにゆるやかな円形に並べられ、後に述べるメッカの方向「キブラ」を示す「ミフラーブ」に相当する部分にひときわ大きい石が置かれている。この石の囲いの内側は小石も取り除かれていたのだ。現地の人は、これは砂漠を行く人々の祈りの場、モスクだと述べたという[18]。

コーランにはモスクの形態についての具体的な定めはない。しかし永い年月をへて、モスクも一定の空間形式や機能を持つようになった。

モスクの機能としては、礼拝の役割以外にも、信者の間の交流の場であり学び場としての役割も重要だ。信仰は日々の暮らしと共にあり、これは相互に密接な関係にある。

モスクにまず求められる空間は、皆がそろって聖地としてのメッカの方角「キブラ」にむかい礼拝ができることだ。キブラはアラビア語で軸を意味する。この軸は、モスクの壁そして幾重もの山河を越えてメッカに向かう。

　イスラーム建築を研究する深見奈緒子氏は、メッカとモスクとの空間的関係を明解に説明する。

　　イスラーム教徒の集団礼拝場であるモスクは、世界中でマッカの方向を向き、そこで祈る信徒の目標は、常にマッカへと向かうのである[19]。

　各地の信徒が「キブラ」に向かう事でメッカと結ばれる。このためメッカへの方角は日々の祈りに欠かせない。イスラーム諸国のホテルでは客室にも「キブラ」を示した矢印が室内に表示されている事も少なくない。

　モスクには礼拝に必要な空間が設けられる。メッカの方角を指し示す「ミフラーブ」、礼拝への呼びかけを行う高塔の「ミナレット」、指導者が登壇する説教壇の「ミンバル」、礼拝の前に身を清める水場の「ミーダア、ハウズ」、中庭の「サハン」と回廊の「リワーク」等が設けられる[20]。

　これらに現れる造形は、イスラーム文化のおよんだ広い地域の文化を時間をかけて受け入れることで奥行を増した。

　深見氏らは、モスクの造形にみる多様さの源をこのように説明する。

　　おそらくイスラームという信仰の広がりが排他的なものではなく、土地に根づいた様式や技法をとり込んで成長していくことで獲得していった性格であろう[21]。

　様々な土地からの旅人や、伝播した先の土地の文化を受け入れる寛さが、建築物としてのモスクの空間的多様性を育んだのだ。

ドームの曲線美

　神戸モスクの外観で最も人々の目をひくのは玉葱型のドームだろう。深見氏をはじめ、多くの論者がイスラーム建築の特色は、ドームに表れると指摘する[22]。

神戸モスクのドームは銅板を重ね葺きしている。瓦大の大きさの銅板をドームの曲面にあわせて葺いている。ドームは下からせりあがりつつ、途中で直線に切り替わり、頂部に至る玉葱型だ。

　銅板は濃緑色の「緑青」になっている。この「緑青」は、元は茶褐色の銅の表面が、風雨にさらされて酸化することで濃い青緑色にかわる現象だ。わが国の社寺建築の屋根でもおなじみの色彩。この色合いも神戸モスクに東洋的な印象を与えている理由の一つだろう。

　この濃緑色の屋根、「緑青」のドームは、今も昔も礼拝に訪れる信徒の人たちに評判が良い。由来には諸説あるがイスラーム圏では人々の間で白や緑の色彩が好まれてきた。

　こんなこともあった。2010（平成22）年頃から始まった神戸モスクの改修工事では、傷んだ銅板の一部が葺き替えられた。屋根に新しく葺かれた銅板が「緑青」となるにはしばらくの年月がかかる。ある時、葺き替えを知らないで礼拝にきた人が「ぜひともドームの屋根を緑色に塗ってください」と来日後に初めて得た給与の寄付を申し出たとの話もあるのだ。

　頂部には同じく銅板の飾りが載せられた。建設時に多くの新聞記事にもとりあげられた三日月の飾りが最頂部に掲げられている。この部分は電飾されていた。

　ところで、神戸モスクのドームの構造は木造だ。

　鉄筋コンクリート構造の屋根スラブ（床構造）の上に木造のドームが載せられている。ドーム内部の木造の骨組みは、頂部の三日月の飾りを支える中央の束を、高低の二列の束が円形に取り囲む。内側の束の列は４本、外側が12本ある。これらの束の頂部をつなぐように無数の母屋が架かり、筋違等がたすき掛けられている。これがドームの骨組みとなる。

　この骨組みにドームの頂部と下端を結び、屋根の葺き材を支える垂木が無数につけられる。ただしこの垂木は直線の角材だ。垂木はドームの緩やかな曲面に添うように、上、中、下の３本で構成されている。これらの３本は相互に添え木でつながれている。

　ただこれだけではドームの優美な曲面はでない。そこで銅板葺と垂木の

間に工夫がある。垂木の上に薄く細い野地板がドームの曲面にそって貼られる。ドームの内側から見ると、薄板の野地板がドームの下端と頂部を結んで45度の角度をつけ、ねじるように貼られている。

　このうえに仕上げの銅板が重ね葺きされる。こうすることで外観の優美な玉葱型のドームの曲面ができるのだ。

　このドームを支える屋根スラブは、鉄筋コンクリート構造だ。神戸モスクを遠望すると、一見、平らな陸屋根の上にドームが載っている様に見える。確かに、屋根の北側のミナレットの建つあたりの4分の1程度は陸屋根だ。だがドームの載る部分とその周囲は、鉄筋コンクリート構造の傾斜屋根になっている。

　この部分の形態を描写すると、底辺を長方形で作ったピラミッド様の立体の上部半分を切り取ったもの。立体としては底辺が長方形の「四角錐台」。台形を立体にしたかの様に、頂部にも長方形の平坦な空間がある。

　もっとも四角錐台の上部に円環の底辺を持つドームを載せる場合、正方形を底辺とする「正四角錐台」の方がより簡単だ。神戸モスクの場合は下階の3階の室の平面形が長方形であり、これに合わせたからだろう。最上階の3階の天井は、室内からは四角錐台を下から見上げる様に天井中央がせりあがってみえる。

　伝統的にモスクは礼拝室からドームの内側を見上げることを意識し、その内側が装飾されてきた。複雑な三次元の曲面で構成されるドームを構築し内側には絢爛な装飾が施されたのだ。

　深見氏は、モスクのドームの内と外には異なる役割があると指摘する。内部の見上げのインテリアと外部のランドマークとしての役割だ。

> ドームは内側に伸びやかな空間を包含し、我々の頭上を曲面で覆うことによって、天井の無限なる拡がりを感じさせる。一方、外側から見ると、スカイラインに浮かぶ膨らみによって視線を誘う目印になる[23]。

　ドームの築造には、高度な工学的知識と施工技術が必要になる。構造体を厚くすることは自重を増すことになるばかりか、形態が重々しい印象に

なる。しかし薄すぎると構造的な堅牢さを損ねかねない。ドームは、現在でも設計も施工も最も難易度の高い形態の一つだろう。このことはイスラーム世界の有した建築技術の高さを表している。

神戸モスクの場合は、曲面で構成されるドームの内側を直接に見上げるようにはなっていない。この形式はなぜ選ばれたのだろうか。神戸モスクのドームは、「竹中図面」が加筆された過程、スワガーが竹中工務店の建築家らに加わってから描かれたと考えられる。

これはスワガーの仕事のやり方とかかわってきそうだ。

神戸モスクのように、屋根を仕上げとしての外部と、これを支える内部の構造でわける設計方法は、彼の他の仕事にもみられる。小室加津彦と速水清孝の両氏は、レーモンド事務所に所属した時期にスワガーが意匠設計も担当したと推定できる建築物として、ステイプルトン邸とライシャワー邸を挙げる。これらの特徴として「最上階のスラブ（床）までを鉄筋コンクリートとしたラーメン構造に木造の小屋組を載せたもので、窓も小さく建物重量は見るからに重い」[24]（丸括弧内追記：筆者）と指摘。そして、これらの方法はレーモンドの他の作品の傾向とは異なると指摘するのだ。

「ラーメン」（Rahmen）とはドイツ語で枠や額縁を指す。構造形式を指す「ラーメン構造」とは柱や梁の接合部が変形しないようにがっちりと剛接合する構造形式のことだ。先の小室と清水の両氏が指摘した２つの建物は、いずれも鉄筋コンクリートのラーメン構造の上に、木造の骨格の屋根を載せている。

これにはデザイン上でも利点がある。鉄筋コンクリート造で曲面等の複雑な形態を持つドームをそのまま施工するよりも、木造で施工する方が形態的に自由さが増し、かつ経済的だ。ドームの様に複雑な曲面をもつ場合、施工もその後の維持管理もより確実な選択だろう。

一方、歴史的にもモスクのドームの殻を２重に重ねるように建築された例は珍しくはない。

２重のドームで構成する事により、屋内の見上げと外観の形態美を両立させている。西洋世界でも同様で、ロンドン大火後に再建されたセント

ポール大聖堂のドームはさらに3重だった。聖堂の内側の2重分が煉瓦造で、3重目は木造で銅板葺で上方にせり上がる。ドームが軽くなる上に、外観はより遠くからも見え形態的にも美しい。

先の章でみた竹中工務店による当初案の「竹中図面」の段階では、ドームは設置されていなかった。それに屋上の屋根スラブ（床）は全面が平坦な陸屋根だった。

スワガーはこの図面の完成した後にモスクの設計に参画したと考えられる。スワガーが、竹中の設計部の作成した当初案「竹中図面」を下敷きにしてさらに詳細な設計が進められる。

そこで、モスクの外観を特徴づける、玉葱型のドームをどう実現するかを議論しただろう。議論では完成までに残された工期や予算も勘案されたに違いない。

もっとも、当時のわが国の建築技術をもってすれば鉄筋コンクリート造によりドームをすべて築造する事は可能だった[25]。しかしドームのような複雑な形態をすべて鉄筋コンクリート造で施工するとなるとコストも増し工期も延びる。それにドームは、単純な形態の傾斜屋根と比べて竣工後の漏水のリスクも上がる。無論、漏水や雨漏りは建物の寿命に悪影響を及ぼす。

施主のモスクの建立実行委員会のメンバーも、そして設計者のスワガーも竹中の鷲尾らも多くの建物が崩れ燃え落ちた関東大震災の惨禍の記憶が生々しい。

ドームをつくるもう一つの選択肢が鉄骨造だ。なぜ神戸モスクのドームでは鉄骨造が選択されなかったのだろう。たとえば東京・神田のニコライ堂の大ドームは新築時、鉄骨造で建築された。またスワガーと同じチェコ出身のヤン・レツルの設計した広島県物産陳列館（1915〈大正4〉年竣工、現在の原爆ドーム）のドーム部分も鉄骨造で銅板葺だ。

しかし、先のニコライ堂の鉄骨造のドームは関東大震災の揺れには耐えたが、後に生じた火焔により焼け落ちてしまう。ドームが落ちた聖堂の様は建築家らに衝撃を与えたに違いない。そしてモスクが建設される8年

前、1927（昭和2）年に始まるニコライ堂の再建工事で主に選択されるのは火焔に強い鉄筋コンクリート構造だった[26]。

ちなみに先の章に見た、神戸の「印度サラセン式」建築の「二楽荘」のドームは木造の骨組みに銅板葺だった[27]。いずれも火災への強靭さを重視すると、ドームを下支えする構造に、鉄筋コンクリートを選択することは合理的だろう。

もう一つ鉄骨造を選択しなかった理由に、建設資材の入手での価格の変動や先行きの不透明さも影響したのではないか。神戸モスク建設の準備の時期には満州事変が勃発。これ以降、鋼材の生産は増加するが、年々、軍備増強が優先されるようになる。

モスク完成の2年後の1937年には「鉄鋼工作物築造許可規則」が施行。不急不要の民間建築物には鉄鋼の使用の制限がかかる。

神戸モスクの3年後に完成する、東京モスク（東京ジャーミイ）「東京回教礼拝堂」の工事では、ドームは鉄骨造で建築されコンクリートの被覆が施された。しかし設計者の吉本與志雄によると、東京モスクの建築工事は鉄鋼使用の統制下にあり50トン以内に制限されていたという。そして吉本は、統制下での建築工事は容易でなかったと記している。当初は鋼板で仕上げるはずの屋根もタイル張りと「防水材使用に依る代用品を用いて施工した」と付記しているのだ[28]。

これらの状況の下、スワガーが竹中の建築家らとともに知恵を絞ったのではないか。

それが、鉄筋コンクリート構造の四角錐台形の屋根スラブに、木造のドームを載せる方法だ。もちろん施主にとって貴重な寄付金で建てるモスクは、後世にも愛されるように優美で、かつ堅牢なものを建てたい。そうなると耐火、耐震でも有利な鉄筋コンクリート構造で建てることは優先させたい。その意味では、神戸モスクのように鉄筋コンクリートの屋根の上に、木造のドームを載せる方法は構造的にも防水面でもより堅実な選択だ。この一連の判断が、その後モスクが経験した80年を超える時間の流れ、そして神戸空襲時の猛爆と阪神・淡路大震災の強震にも耐えた理由の

一つかもしれない。

　また、この方法で造られた木造のドームは耐久性と外側からみた曲線美を誇っただけではなかった。最上階の３階の天井も、単に、四角錐台形の天井を下から見上げるだけの無味乾燥な空間ではなく、美的な工夫が凝らされている。

　神戸モスクの３階の天井を改めて見上げる。室内の白い柱と梁は一体化しつつ室内中心に向けて傾き天井へせり上がる。そして梁は室の最も高い部分、天井の中央で「井」型に交差する。室の中央には使用のさまたげになる柱は出ない。そして室内は白く塗り込められる。この柱と梁の構成や細部意匠は、階下の礼拝室の天井にも繰り返しあらわれる。

　世界の歴史的なモスクのドームには、内部で複数のアーチが交錯するものがある。美しく装飾された複数のアーチが幾何学的に交差することで、複雑な曲面で構成される大きなドームを優美に支えている。このアーチの交差が網のようにみえることからアーチネットとも呼ばれる。

　神戸モスクの最上階の四角錐台形の天井は、このアーチネットを幾何学的に抽象化したかのようだ。

３段のミナレット

　ドームに加えて、モスクの外観を特徴づけているのが、尖塔。ミナレットだ。

　ミナレットは信徒へ礼拝の開始を報せる「アザーン」の際に用いられる。古くはここに登って大声で礼拝の開始を呼びかけた。東南アジアの村落では、この声の届く範囲で村の大きさが決まったともいう。また砂漠の土地では、遠く離れた集落の目印や狼煙台の役割も果たした。

　現在、多くの国のモスクではミナレットにスピーカーが置かれアザーンが流される。神戸モスクでは近隣には信者が多く住んでいないこともあり、早朝のアザーンは近隣に配慮して、スピーカーを通さずに行っている[29]。

　神戸モスクの正面には２本のミナレットがあり、背面には低い東屋様の

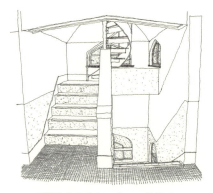
3階からミナレットへの階段室

チャトリが2本ある。頂部には銅板葺きのドーム状の丸屋根が載っている。半球形で頂部には三日月型のシンボルが載る。阪神・淡路大震災では、このうち南東側のチャトリの1本に亀裂が入った。このため後日、修理された。

　ミナレットは、塔の頂部まで螺旋階段で上ることができる。白い内壁に、窓の黄色ガラスの光が溢れる。このミナレットは地階から屋上まで連なる柱で支えられている。この柱の配置は当初案の「竹中図面」にはなかったものだ。スワガーの示唆によるものだろう。

　ミナレットは三層で構成されていて平面は屋上階から四角形、二層目が八角形、そして頂部の三層目は円形になっている。そして上段に向かうほど小さくなっている。上段へ行くほど細く、最上層を柔らかい形の円筒形にすることで、モスクを見上げた際に視覚的にもモスクの高さを引き立てる。この八角形や円形の平面を組み合わせたミナレットは12世紀から16世紀前半のエジプト・カイロのモスクに多く見られるという[30]。「竹中図面」では下層の二層分も八角形だった。

　細部意匠も個性的だ。ミナレットの窓はいずれもが先のとがった尖頭の窓だ。その層のそれぞれに欄干がついている。この欄干は亀甲柄にデザインされている。亀甲柄はわが国の伝統建物や工芸の意匠にもよく見られる。亀の甲羅の柄からとられたこの紋様は長寿を意味する。

　細部の装飾の多様さからか、神戸モスクには様々な地域の影響を読みとる事ができる。深見奈緒子氏は、神戸モスクには多様な建築意匠が現れていると指摘する。すなわち、モスクの建物全体では「東南アジアの十九世紀後期のモスクと共通する部分が多い」としつつも「ミナレットのバルコニーは欄干の間に打ち抜き細工を挿入し、持ち送りに支えられ、中国系建

築を想起させる」とみるのだ[31]。

　イスラーム圏では、アラベスクと呼ばれる表現技法が発達してきた。一般的にイスラーム圏では偶像崇拝につながる人物や像のモチーフは装飾として用いられなかった。その一方で幾何学的な紋様を繰り返し描き、空間を装飾する表現手法が成立してきた。草や木、生物の形を抽象化して世界を表現する方法だ。

　神戸モスクのミナレットの亀甲柄は、どことなく東洋を感じさせる。その一方で欄干や軒蛇腹には網目様の繰り返しの装飾が施されている。これらのアラベスク様の紋様の反復や、多様な形態の装飾が、建物の随所に盛り込まれている。モスク全体では生成色の「洗い出し」の壁で仕上げられているため表情が統一されて見える。

　一般的に様々なモチーフや色彩を、限られた空間に盛り込みすぎるとまとまりに欠く。逆に少なすぎると素朴にすぎる。これのさじ加減は設計者の腕のみせ所だ。その意味で、神戸モスクの建築は華美でもなく簡素でもない。こぶりながらも洋の東西の多彩なデザインを身にまとう。

　はるかなる異国の風景をうつしながらも、神戸の街の風景にもなじみがよいのだ。

1階——黄金の光の礼拝室

　モスクへの入り口は、北側の道路に面した玄関が主であり、この他に南側の別館につながる出入り口がある。

　正面の玄関口は両開きの木製の重厚な扉がつく。扉は尖頭型で中央に金物の重厚な引き金具がついている。扉の上部には「Kobe Muslim Mosque」と書かれ、さらに上にはアラビア語でマスジッドコウベと書かれている。アラビア語の表記は1991（平成3）年に新たに書き加えられた。

　扉の周囲はアラベスクの幾何学的な紋様で装飾され、扉の上は唐草様の紋様が施されている。正面扉から階段につながる廊下をへて前室に至る。この前室は、敷地の奥の附属家をつなぐ廊下の役割もある。建築当初は前室側にひらく両開きの扉がついていた。現在は、前室と礼拝室の間には扉

はない。

その前室からみて西方向に礼拝室がある。礼拝室は賑やかな表通りから一転して静寂の空間となる。外部と礼拝室の間に、玄関そして廊下と前室を配しているからだろう。礼拝室の中央には大きなシャンデリアが吊られている。シャンデリアは銀色の金物で装飾され無数の硝子飾りが光を放っている。

礼拝室は尖頭型の窓と白い壁に囲まれている。窓には濃い黄色のガラスが嵌められている。床に敷き詰められた真紅の絨毯と、純白の壁のコントラスト。窓から射し込む黄金色の光が、純白と真紅の礼拝室にあふれる。

メッカに向かって

礼拝はメッカの方角「キブラ」に向かって行われる。礼拝室は方形の平面で、西側の壁面の中央に壁龕(へきがん)(壁面をへこませた小空間)の「ミフラーブ」がある。ここには、キリスト教の教会などで聖像が置かれる。

ただしモスクのミフラーブには何も置かれることはない。場所そのものには神聖性はなく、この方角にあるメッカへの方向性が重要なのだ。

ミフラーブとその周辺はいずれのモスクでも最も繊細に装飾が施される。神戸モスクのミフラーブは大理石で作られている。尖頭の高さは3.5メートル弱ある。両側に細身の大理石の柱を配して、アーチの奥部には扇状に文様が彫られている。ミフラーブの周囲もアラベスクで装飾されている。またアーチの上部にも唐草様の紋様が装飾されている。

いずれの装飾も、モスクの玄関口の周囲に見られるものと同じモチーフだ。この装飾にはモスクの内部でもほぼ唯一、塗装がなされており、茶系色を地に、紋様部分は金色で彩色されている。鈍い光沢のある磨き上げられた大理石に金の彩色は映える。

ミフラーブの上部にはアラビア語で「アッラーのほかに崇拝に値するものはない。ムハンマドはアッラーの使者である」と書かれている。

礼拝者からミフラーブに向かって右側に説教台となる「ミンバル」がある。これも大理石で作られている。礼拝の際にはイマム(導師)がこの上

段からコーランの朗読や説教を行う。ミンバルの高さは1メートル余り。奥行1メートルで幅は1.5メートル余りだ。玉葱状の飾りを頂部に乗せた手すりも大理石で、礼拝室の床から六段の階段がつく。こちらもミフラーブと同様に、モスクの中でも最も繊細な装飾が施されている。

中2階――女性の礼拝空間

1階の礼拝室は男性の祈りの場になる。中2階に女性のための礼拝室が設けられている。位置的には、1階の礼拝室を見下ろしミフラーブの方向が正面となる。ここにも真紅の絨毯が敷き詰められている。吹き抜けとなる1階礼拝室上部にむかって緩やかに迫り出し、腰壁には装飾が施されている。この上部も尖頭型のアーチになっている。

神戸モスクのデザインは、内部、外部にかかわらず形態や装飾が統一されている。窓や出入り口などの開口部は同じプロポーションの尖頭で形作られ反復している。細部の装飾も同じ形のアラベスクが用いられている。このことで空間の印象を引き締めているのだろう。

3階――礼拝室の床の仕掛け

3階にも礼拝室がある。ここもほかの室と同様に壁は白く塗りこめられ、赤い絨毯が敷き詰められている。先に見たとおり、天井はドームの下部に位置し四角錐台形の上部を見上げる。室の周囲に配された小ぶりの窓の意匠はモスク内のほかの部位と同じく尖頭型だ。

3階の礼拝室は、1階や中2階と比較すると装飾要素は少ないが、室内に興味深い仕掛けがある。

この3階は1階や中2階の礼拝室とは空間的にはつながっていない。ただし、3階の床はその一部の約1.5メートル四方の小さな床開口があり、ここから1階や中2階の礼拝室とつながっている。この床開口の周囲は手すりで囲まれている。

床開口のある位置は1階礼拝室のミフラーブとミンバルのほぼ真上になる。この仕掛けによって、礼拝の際には1階のイマムの説教の声や礼拝の

様子が3階にも伝わることになる。この仕掛けは竹中工務店による当初案の「竹中図面」にはなかった。

　伝統的にモスクは平屋で構成されるものが多い。これは、モスクがメッカの方角であるキブラとの水平的な接続性が重要であるとともに、礼拝者同士の立場の平等性も現れているのだろう。

　その意味で神戸モスクは礼拝室が3階に分かれているのは特徴的だ。土地に限りのある都市部で平屋の建物で広い礼拝室を設けるのは容易ではない。そこで複数階に礼拝室が分かれることを中2階に大きな吹き抜けや、3階に床開口を設けることで巧みにつないだのだろう。

　これらの各階の礼拝室をつなぐのが階段室だ。階段室には礼拝室と同様の形をした窓がつけられている。黄色い光が緩やかに内部を照らす。階段は人造石研ぎ出しの仕上げの踏面だ。最近では加工に手間がかかることもあってあまり用いられないが、柔らかな色合いが美しい。

　各階の踊り場部分にはタイルが張られている。神戸モスクには多くの歴史的なモスクに見られるようなモザイク・タイルによる装飾はない。この点はモスクの空間に、より質実な印象を与えているだろう。

　このほかにモスクには地階がある。ここは半地下で、室内壁面の天井に近い部分には外部にむけて窓がついている。大人数が集まる礼拝日には礼拝室としても使われるとの事で、絨毯が敷き詰められている。1階以上の礼拝室などと比べると装飾は少ない。

モスクの建築をよむ

　これまで、神戸モスクの建築空間はどのように評されてきたのだろうか。歴史的な建築物を対象にした神戸市教育委員会の『神戸の近代洋風建築』[32]や兵庫県教育委員会の『兵庫県の近代化遺産』[33]などの調査報告書にモスクは掲載されている。これらの調査は市や県内の歴史的な建築物を網羅的に集成するために行われている。このため個別の建物の記述は紙面が限られる。

　そんな中、世界各国のイスラーム建築を研究する深見奈緒子氏の考察は

見逃せない。深見氏は『世界のイスラーム建築』で、神戸モスクは多様な建築意匠の表れであり、それを「日本風にアレンジ」したものだと指摘する。

> イスラーム建築の要素を近代建築の構法と手法をもって日本風にアレンジしたモスクといえそうである。それは、おそらくスワガーの意図する三〇年代の極東のイスラーム建築であった[34]。

神戸モスクには、洋の東西の建築様式が一つの空間にあらわれている。それは単なる異なる土地の文化や建築様式の翻案や折衷の成果ではない。竹中の当初案を踏まえつつイスラーム建築の要素を解読し、先進的な近代建築の構法と手法でもって、わが国の都市の風景に馴染む形態にまとめている。その意味でスワガーの役割は大きかった。

モスクの空間にあらわれている多彩な意匠。その調和のとれた佇まいは、ボヘミアから極東を歩んだスワガーの足跡と彼の接した日本文化の結晶だったのかもしれない。またスワガーの構想を丁寧にまとめあげ、モスクを施工した竹中工務店の関係者の貢献も大きいだろう。

続けて深見氏は1938（昭和13）年に完成した旧・東京モスク（東京ジャーミイ）の建物とその形態を比較している。「神戸は新しい日本のイスラーム建築を目指したのに対し、東京は既存の建築からの借り物を再集成したものと位置づけられる」と指摘する[35]。それはなぜか。旧・東京モスクの建設では当時のわが国のアジア進出政策も作用した。日本政府も旧・東京モスクの建設を援助したのだ。この旧モスクは老朽化のため1986年に取り壊され、あらたに新モスクが2000（平成12）年に建設されている。

一方、神戸モスクの建立は信徒の寄付で成し遂げられた。これには大変な苦労を伴ったわけだが、その分、彼らはより自由な姿勢でモスク建設に向かうことができたのではないか。

また、東京と神戸ではモスクが建てられた地区の環境の違いも影響したのではないか。旧・東京モスクは代々木上原に建てられた。東京モスクの建てられた1930年代末の代々木上原は緑の豊かな郊外だった。

これに対して、神戸モスクは、世界からの船舶が往来する港と急成長する神戸の市街地の只中にある。外国人も多くすまう山手の目抜き通りであったトアロードからすぐの位置がその敷地に選ばれた。
　神戸モスクの建てられた場所は、神戸港を遠望する新しい気風にあふれる界隈だった。その街に暮らした人々が、日本で初めて建てられるモスクの建物に求めた期待がその空間にも現れたのではないか。無数の人々の夢と、寄付を受け止め建設を担うことになった施主と建築家たちの意気込みは相当だっただろう。タタールの人々を始めとする信徒の人々の神戸への長い旅路、当局との幾度もの交渉、遠路におよんだ寄付……。その末に、信者たちはやっと心のよりどころを得たのだ。
　モスクは完成し、礼拝者を受け入れはじめる。間もなく神戸の風景の一つとして街にとけこみはじめた。モスクが建てられたころの神戸の街の風景は、いずれの写真を見ても美しく活気があふれている。
　六甲の山並みを背景に、モスクのドームののびやかな曲線と、ミナレットの明るい色は一層映えた。

「防空演習」と灯されなかった電飾

　献堂を記念した祝賀会に集った人々は、一方で、世界の変転をどう語り合ったのだろう。先に見た、モスクの献堂の祝賀を報じた神戸又新日報1935（昭和10）年10月12日号の記事「"ホホツ"と勝田さん　ネオンの三日月教章に感心　エキゾチックな回々教寺院」と同じ紙面には「防空演習」を告げる大見出しもおどっていた[36]。
　記事によると、この「防空演習」は神戸、大阪一帯を襲う空襲を想定していた。すでに単なる演習のための演習ではなくなっている。当局は演習の筋書を準備した。これによると「八月以来折衝中であった某国との国交は十一日来俄然悪化危機に瀕し、十二日遂に決裂（略）航行中の我が国の汽船から某国爆撃機三十機が阪神方面に飛来中」と無線で急報があったとの設定だ。
　戦中、一般市民を無差別に焼いた一連の空襲が国際法に違反したのでは

ないかとの議論もある。その周到な攻撃は、軍事技術の発展がもたらしたものでもあった。そこにこんな背景もあった。米軍は、焼夷弾による空襲作戦に先立って破壊の効果をより甚大にするために、日本の市街地を模した攻撃対象をユタ州の砂漠に建設し実験した。

その実験にはレーモンドも参画していた。レーモンドは1937年に日本を離れインドなどを経てアメリカに向った。スワガーが日本を去る3年前のことだ。スワガーは、再び日本の地に戻ることはなかったが、レーモンドはその約10年の後、戦後の日本に戻っている。レーモンドは88年の生涯のうち、戦後を含めその半生を日本で過ごした。無論、日本の市井の暮らしと建築をよく知っていた。

レーモンドの戦中のアメリカでの足跡は、しばしば論者の関心を呼んできた。「神戸空襲を記録する会」の開催した講演会で、神戸生まれの評論家・内橋克人は、戦争の無慈悲さを嘆いた。内橋は少年時代に神戸空襲を経験している。

この講演で内橋は戦時下の「知の動員」としてレーモンドの足跡にふれている。日本をよく知るレーモンドが日本への空襲に参画した「知の動員」の悲劇を。

> 彼こそは「木と紙と土壁」でできた日本家屋を最も効果的に焼き尽くす方法を、アメリカの石油資本と共同研究の末、完成させた人物でもありました。(略) 日本家屋の仕組み、都市の構造を知り尽くしたレーモンドならではの蓄積が大きく役立ったのです[37]。

内橋は、焼夷弾の下を逃げまどった少年の自分の体験とその後に見た「レーモンドの優れた作品群とを重ね合わせることが、どうしてもできませんでした」と嘆いた[38]。

同様の批判は、内橋からだけではなかった。戦時下のレーモンドの役割に対しては戦後の論壇からも批判があった[39]。一方で、レーモンドは空襲は日本に残した自らの建築作品を破壊する事も充分に意識していた。何よりも、戦時下のレーモンドに許された選択は他にはなく、深い心の矛盾と葛藤を抱えつつ、戦争の早期終結を願っていたのだとも指摘されてい

る[40]。レーモンド自身も後年に深い悔恨をしるしている。

　内橋も講演の中で「知の動員」の悲劇は、無論、レーモンド一人の身の上に起きたものではないと強調する。そして同じ悲劇が将来に起こりえないとは言えないと釘をさす。「ひとたび戦争になれば知識人の選択」は、力の暴走の前に、何も残されてはいないのだから。

　米軍にとって、港湾と重工業地帯を抱える神戸は、重要な攻撃の目標だった。

　1935年10月11日。献堂祝賀会のひらかれた同じ日の夜のこと。「防空演習」に先だって灯火管制の予行演習が行われた。神戸の市街地への爆撃が想定され、市街地は漆黒の闇に沈んだ。そして防空演習は先の当局の筋書の通りに粛々と実行された。そして「一糸乱れぬ統制」は解けたと報じられた。

　一方、10月12日号の『ジャパン・クロニクル』の紙面には晴れやかなモスクの献堂祝賀会の様が報じられていた。記事には、ミナレットから遠望する神戸の町の眺めのすばらしさが紹介されていた。

　多様な国籍の人々からなる信者が集まることのできるモスクの建物の美しさはひときわだった。これを寄付により、粘り強い交渉を経てうち建てた、信徒の人々の感慨はひとしおだったのではないか。

　しかし同じ記事には、こう記されていた。

　「昨日の空襲を想定した防空演習の管制により、モスクに飾りつけられた電飾は、残念ながら点灯されなかった」と[41]。

注

1　Kobe Muslim Mosque, 1936, op.cit., p.6. 同報告書の巻頭の和文には、献堂式は「9月」に実施されたと記載されている。この和文には英文版が掲載されている。こちらの英文版には「8月」と記されており和・英版で一か月の相違がある。関係する行事日程や報道を鑑みても「8月」の挙行が正しいと考えられる。

2　神戸又新日報「港都の夜空に　映ゆ聖光"三日月"いよいよ竣成した回々教会堂」1935.9.3。

3　神戸新聞「回々教寺院の盛大な披露宴」1935.9.3。

4　*The Japan Chronicle*, The Oriental Hotel LTD, Kobe Japan, 1935.9.1.
5　*The Japan Chronicle*, Photograph taken on the occasion of an At Home, 1935.9.15.
6　*The Japan Chronicle*, Just to Remind You,1935.10.11. 同紙の告示欄には祝賀会招待状には中山手2丁目62番地で開催すると告示したが、午後4時30分にトアホテルで開催されるとの訂正記事も掲出されていた。
7　*The Japan Chronicle*, The New Muslim Mosque, 1935.10.11.
8　神戸又新日報「日本のメッカ　印度満州らの代表参加する」1935.10.11。
9　保坂修司、2007「アラビヤの日本人　日本のムジャーヒディーン」中東協力センターニュース、2008・1、p.45, p.48。
10　神戸又新日報「"ホホツ"と勝田さん　ネオンの三日月教章に感心」1935.10.12。
11　神戸新聞社（編）、1994『神戸市長14人の決断』神戸新聞総合出版センター、p.99。
12　Kobe Muslim Mosque, 1936, op.cit., p.5.
13　東京朝日新聞、中里介山「閑人匆忙（2）記念建築を逐うて」1936.7.5。
14　神戸市（編）、1989、既出、p.160（撮影：神戸又新日報、所蔵：神戸市文書館）。
15　大阪毎日新聞「五国語の祝辞に和やかな親善風景」1935.10.10。
16　芦屋市立美術博物館（編）、1996「中山岩太展：神戸モダニズムの光彩」芦屋市立美術博物館、p.46。中山岩太撮影「北野遠景」1939年頃撮影。
17　羽田正、2016『モスクが語るイスラム史　建築と政治権力』（増補版）ちくま学芸文庫、pp.15-16。
18　松枝到「地上に貼りついた建築」、『建築雑誌』建築学会、117（1487）（2002.4.）、p.3。
19　深見奈緒子、2003『イスラーム建築の見かた――聖なる意匠の歴史』東京堂出版、pp.30-31。
20　深見奈緒子（編）、2012『イスラム建築がおもしろい！』彰国社、p.36。
21　同前、p.50。
22　深見奈緒子、2003、既出、p.46。
23　同前、pp.73-74。
24　小室加津彦、速水清孝、2014、既出、p.654。
25　たとえば1926年竣工の聖徳記念絵画館の鉄筋コンクリート造のドーム。わが国での最初期の同構造によるドームとされる。増田泰良、西澤英和、藤岡洋保、2003「明治神宮外苑聖徳記念絵画館の鉄筋コンクリート造ドームの構造設計」建

築学会大会・学術講演梗概集、pp.625-626。
26 文化財建造物保存技術協会、1998「重要文化財・日本ハリストス正教会教団復活大聖堂（ニコライ堂）保存修理工事報告書」宗教法人日本ハリストス正教会教団、pp.13-16。
27 鵜飼長三郎、1913、既出、p.138。
28 吉本奥志雄、1938、既出、p.83。
29 オムリ・ブージッド、2013「第七章 モスクと地域社会」、関西学院大学キリスト教と文化研究センター、既出、pp.221-222。新井アハサン氏へのインタビューより。
30 深見奈緒子（編）、2012、既出、pp.42-43。
31 深見奈緒子、2005『世界のイスラーム建築』講談社、pp.271-273。
32 神戸市教育委員会、神戸近代洋風建築研究会（編）、1990『神戸の近代洋風建築』神戸市教育委員会、p.59。
33 兵庫県教育委員会事務局文化財室、2006、既出、p.193。「神戸モスリムモスク」の項。
34 深見奈緒子、2005、既出、p.272。
35 同前、p.273。
36 神戸又新日報「嵐を告ぐサイレンに 一糸紊れぬ闇の統制」1935.10.12。
37 内橋克人、2005「講演：戦後60年記念特別企画講演、神戸大空襲について語ろう」（2005年8月20日：神戸市中央区）、神戸空襲を記録する会、2005『神戸大空襲 戦後60年から明日へ』神戸新聞総合出版センター、p.72。
38 同前、p.74。
39 たとえば、林昌二、2004『建築家林昌二毒本』新建築社、pp.15-16。
40 三沢浩、2007『アントニン・レーモンドの建築』SD選書・改装版、鹿島出版会、p.99。
41 *The Japan Chronicle*, Muslim Mosque Opened, 1935.10.12.

第7章　戦争——大空襲の奇跡

　モスクの完成から1941（昭和16）年12月8日の開戦までは6年余りしかなかった。開戦までの間、戦争にむけた不穏さは徐々に増してゆく。神戸の街を行きかう外国人もモスクで祈る人たちも、不穏さの増す日本を離れ、帰国や新天地を選ぶ人がではじめる。
　1943年に神戸モスクは海軍に接収されている。

戦争へ向かう神戸
　神戸は、わが国の最大の都市の一つだった。神戸は推計人口上では1939（昭和14）年に百万都市となる。港は国際貿易港としての整備が続き、新しい埠頭や港湾施設の工事も順調に進んでいる。
　その恵まれた立地は多くの産業をひきつけた。神戸にはわが国有数の造船や製鉄などの工場が進出する。これらは国力増強の要ともなった。周辺には造船所や工場などで働く人たちの住宅が次々に建てられ密集していく。そして市街地には鉄道線や幹線道路が次々に敷かれてゆく。これらが山と海にはさまれた狭い平地に東西に絡み合うように走る。このことは、軍事的な攻撃目標を市街地の狭い範囲に集中して抱えることになった。
　この時期の神戸は甚大な自然災害も蒙っている。1938年7月上旬には大水害がおきる。この水害は昭和の三大水害の最初のものと記録されている。接近していた台風が、梅雨前線を刺激し豪雨が3日間も続いた。六甲山系からの濁流が市街を呑み込む。死者は600人を超し3600棟もの住宅が流れたり全壊した。
　この大水害は豪雨によっておきたものだが、神戸の急激な開発と市街地の拡大によって、被害が甚大になったとの指摘がある。布川弘は、当時の

水害被害の拡大の理由として、大戦景気による神戸の人口の急増を指摘する。そして市内での「急速な人口集中があり、従前は水害の激甚地となるため居住地として避けられてきた川の出口の高台（扇状地の扇頂）や川沿いの高まり（天井川の自然堤防）、山麓の斜面など、災害多発地点にまで住宅が進出」したと指摘するのだ[1]。

　実際に、この水害の被害の範囲は大きかった。『神戸市水害誌』の附図「阪神大水害・神戸市災害概況図（昭和13年）」[2]をみると、被害は、東は灘、西は須磨のあたりまで広がる。むしろ市街地で被害が記録されなかった地区が少ないほどだ。特に河川の合流点や屈曲する地点の出水被害は深刻で多くの建物の全壊や流出を引き起こした。これにより多くの人々の命が奪われた。

　大水害によるモスクへの被害は、記録がないので詳細を読み取ることはできない。先の「阪神大水害・神戸市災害概況図」によるとモスクの周辺地区は一帯が「浸水区域」として記録されているが、土砂被害の記録はない。モスクより山側のトアホテルの周辺ではもっとも被害が甚大な「家屋全壊または流出」が4か所で記録されている。

　モスクの建つ地区の被害の詳細は内務省神戸土木出張所の各河川別の氾濫記録にもあった。「水流は諏訪山、錨山間の渓流及び追谷の渓流より奔流して東亞道路（トアロード）及び鯉川筋を流下するものと合して、神戸商業中心街（略）にかけ膝を没する濁水となりて渦巻き」（丸括弧内追記：筆者）とある[3]。

　錨山は現在、六甲山系でも絶景の展望台として知られる「ビーナスブリッジ」からも近い。その南稜は急峻だ。そこからの渓流が市街地に向かって走る。豪雨による増水で川を溢れた濁流がトアロードを下りおり街を土砂で埋めた。

　この濁流はモスクにもおよんだのだろうか。先の市の水害記録には「浸水区域」とあった。ただ、モスクの敷地の地盤は前面道路より高い。またこの前面道路は東側にむけて緩やかに下っている。これを考えると、トアロードから数十メートルの距離ながらも、モスクの建物には直接に土砂や

濁流が流れ込むことはなかったのではないか。

　この水害を目撃した大工の男性は、市街地でも低い土地は、土砂で埋まり被害が特にひどかったことを覚えていた。土砂は容赦なく店や住宅の中まで流れ込んだ。やっと雨が上がり、当時請け負っていた工事現場が心配になり見に行く途中、家を失った女の人が道端で大きな声で泣いていたという。これを見たこの男性は若い衆を引き連れ街に戻った。そして建物の中に積もった泥を次々にショベルで掻き出してゆく。帰り際に所有者からは謝礼を渡されたという。「集めると結構な金額になった。それを握りしめて盛り場に繰り出した」と回想した。

　神戸では幾度も街を襲った水害を受け、治水事業がすすめられた。河川の改修や六甲山系での砂防ダムの建設が行われた。六甲山系の植林も本格化する。これらの土木や治山事業は戦後も連綿と続けられた。

神戸大空襲
　1941（昭和16）年12月8日開戦。わが国へのアメリカによる最初の空襲は1942年4月。東京、名古屋、神戸などへの空襲がつづいた。

　なかでも神戸の空襲被害は、その範囲の広さや被害の度合いがもっとも苛烈だった。神戸では最大規模の3回を「大空襲」として呼ぶことが多いが、小規模なものを含むとその回数は130回にも達した。

　大空襲は、終戦の年の1945年3月17日、5月11日、6月5日にあった。ただし、それぞれの空襲は攻撃の対象地区と性格が異なっていた。神戸市の資料によると、2月以降の空襲は、それまでの軍関係の施設や工場などを狙った攻撃とは違った「無差別焼夷弾爆撃」だった。これにより神戸市街地の西側、兵庫区などが焼かれてゆく。

　3月10日の東京大空襲以降はさらに焼夷弾爆撃が徹底的になった。神戸への3月17日の空襲は、大規模かつ執拗だった。この空襲では2月の空襲と同様に市街地の西半分が焼かれた。5月11日の空襲は市街地の東側の航空機工場が精密爆撃で焼かれる。そして1945年6月5日の空襲は市街全域に対して行われ神戸モスクのある市街中心部も襲う。

「神戸市疎開空地・焼失区域並戦災地図」[4]には、神戸市内の被害の範囲と程度が記録されている。これは他の戦災地図と比べ、空襲の時期や「重要施設」「疎開空地」の場所も示されており情報量が多い。

この戦災地図をみると、港の地区はひろい範囲が「重要施設」だ。造船所や工場、軍関係施設がこれにあたる。そして、幾度もの空襲で市街地のほぼ全域が焼かれたことがわかる。いくら疎開空地に逃げ込もうにも火焔は迫り、焼け落ちる建物に行く手を遮られただろう。

それでも空襲で焼かれなかった地区もある。重要施設から離れていたからか、風向きによるものか。現在の長田区の一部の市街地は「焼失区域」とは記されていない。これらの地区は、後の阪神・淡路大震災で甚大な被害をこうむった。

6月5日の空襲による神戸モスクを含む三ノ宮駅周辺の被害はどんな状況だったか。先の「神戸市疎開空地・焼失区域並戦災地図」によると、モスクの近隣もトアロード沿道や生田神社周辺も焼かれた。ここにも点々と「疎開空地」が設けられていた。ただしこんな疎開空地や開戦前からの「防空演習」も、強烈な火焔には無力だった。

しかし、神戸への空襲の全容を、市民が知るすべは限られていた。

このころの神戸新聞の紙面は2頁のみになっていた。その限られた紙面には、敵の爆撃機への反撃に成功したと「撃墜 撃墜 また 撃墜」[5]と見出しが躍る。迎撃体制は「制空部隊阿修羅の奮闘」であり、臨戦態勢は充分と勇ましい。その一方で「行方不明家族を区に申出よ」との告示や「焼夷弾の不発弾に触れるな」と生々しい警告がならぶ。そうかと思うと、空襲の直後にもかかわらず「港都勢よく復興へ　一部、早くも電燈」と復興を報じる記事もある[6]。また「自宅の倒壊よそに　担架をかつぐ乙女の健気さ」と美談も現れる[7]。逃れようのない空襲の恐怖。そうかと思うと恍惚感さえともなう勇猛さと美談。それがわずかな紙面に交錯している。

しかし紙面本文そのものよりも、欄外の告示は、何よりその切迫を直截にあらわしている。兵庫県による「罹災者諸君に告ぐ」という告示記事だ。これには空襲罹災者のうち「官公署勤務員」や「軍需品」などの製

1946年の神戸モスク（黒矢印）および周辺地区航空写真（「国土地理院国土変遷アーカイブ空中写真」米軍撮影写真、USA-M324-A-6-87、1946年11月20日撮影）

造、配給関係者らは神戸に残留せよとある。一方でこれらの職務担当者以外や家族は「できるだけ早く疎開」するように呼びかけている。三項からなる県の告示記事の最後はこう結ばれていた。

　三、又これ以外の人々で神戸市内に残留を要しない方々はこの際速やかに疎開してください[8]

恐怖と昂揚の交錯する紙面。その傍らで、叫ぶような告示が終戦まで繰りかえされることになる。

狙われた「港都」神戸からは、もう逃げるしかなかったのだ。

焼け残ったモスク

米軍は、終戦後まもなくの1946（昭和21）年11月に、モスクの建つ地

区を含む神戸の市街地の航空写真の撮影を行っている[9]。一帯への空襲は1945年の6月5日だから、この航空写真の撮影時点で、およそ1年半弱が経過したことになる。

　高度約1830メートルから撮影された写真には、焼けただれた市街地が写っていた。市街地の木造の建物は焼失してしまったようで三ノ宮駅を中心に残っているのはわずか。旧居留地とその周辺は建物が鉄筋コンクリート造などで火に強かったからか輪郭が明瞭に写っているものもある。港には大屋根が見える。最後の空襲からの1年あまりの間に再建されたのだろうか。市街地では国鉄線の高架より北側も広い範囲が焼かれている。トアロードの沿道では旧・北野尋常小学校の建物を境に、南側の三ノ宮駅方面にかけて焼け残った建物は殆どない。

　そんな焼け野原のただ中に、モスクが写っていた。

　航空写真の解像度に限界はあるが、2本のミナレットの長い日影が敷地の北側にのびている。モスクの近隣には、焼け残って輪郭が見える建物はない。空襲による火災はモスクから見てはるか山麓にまでおよんでいる。モスクより山手に北西100メートル程度登ったあたりまで建物はことごとく焼かれている。幸運にも焼け残った山麓部の洋館街の一部は、戦後に「異人館街」そして町並み保存地区として脚光を浴びることとなる。

　焼け野原に建つモスクを、地上から撮影された写真も残っていた。

　この写真は、現在も神戸モスクの別館の入口にも掲出され、また神戸市史などにも用いられ広く知られている。毎日新聞によって1945年10月に撮影されたものだ[10]。モスクが完成した1935年頃に旧・北野尋常小学校の屋上から、写真家の中山岩太らが撮影した写真とほぼ同じ構図だ。

　写真には焼けつくされた暗い色の神戸の市街地が写る。写真に写る日影を見ると正午頃だろうか。樹木には葉はついていない。街路には人や車両の姿はない。街路にはすでに瓦礫などは残っていない。

　その中央にモスクだけが白く写っている。全く被害がないようだ。木造で銅板葺のドームや、掲げられた三日月章はモスクが完成した頃の写真とかわりがない。モスクには焼夷弾は直撃せず、近隣の火焔もおよばなかっ

たのだ。ドームを葺いている銅板は建設の時のままのようだ。銅板は火焔に弱い。窓枠もみえる。しかし光が反射して見えても不思議ではない窓ガラスは見えない。これは他の写真でも同じだった。

モスク南の附属家は、隣接地の建物とともに焼失している。また西側敷地に建っていた2階にバルコニーのある洋館も焼け落ちている。この洋館の敷地内には、暖炉とその煙突だろうか2本の塔のようなものが見える。周辺にもあちこちに屹立している。モスクの敷地周辺にも焼け落ちた建物の瓦礫の残骸が残る。終戦直前の神戸新聞には「これは危ぶない戦災地風景」として、焼け残った「洋館の煙突」が取り上げられていた[11]。煉瓦の煙突の残骸がいつ倒壊するかしれないからだ。北側の道路には鉄骨の電柱ではないか。熱で溶かされた鉄骨がモスクの反対側に崩れている。

この写真の右手には市街中心の三ノ宮駅方面がとらえられている。モスクより南方の地区はより空襲の被害が深刻だったようだ。

建物が建ち並び本来は見えないはずの、三ノ宮駅につながる鉄道の高架が見通せる。

空襲による火焔はモスクよりもさらに北側の地区にはおよばなかった。六甲山系の山裾には、家々がみえ木々がみえる。東方面に2本の塔を持つ教会の建物が見える。

空襲後に撮影されたモスクの写真をすべて見てみた。唯一、モスクの建物に焦げた様な黒い部分があるのはモスクの南面だった。戦後間もなくの1945年9月の神戸新聞掲載の写真を見ると、モスクの南側の附属家に続く渡り廊下の壁面にわずかに黒く焦げた部分がみえる[12]。附属家が火災に見舞われた際に煤が付着したのか。明るい色彩のモスクの壁で、黒く焦げた様な跡があるのは、唯一この部分だけだ。ほかにも、終戦後にモスクをとらえた写真は少なくない。しかし、そのいずれもでモスクが爆弾の直撃や火災などで傷んでいる様は写っていない。

焼け跡に無傷のまま屹立する、明るい色のモスクの姿は、見渡す限り焼け野原となった神戸を歩いた人々や、復旧した列車の車窓からも目をひいたに違いない。

空襲後のモスクと市街地（1945年10月撮影、毎日新聞社提供）

海軍に接収されたモスク

戦時下は空爆を逃れるために多くの建物に「迷彩塗装」が施された。終戦後の1946（昭和21）年の4月から6月にかけて米軍により撮影されたカラー映像には、神戸の市街地には迷彩が施された建物が少なからず点在する様が写っていた[13]。

しかし、終戦直後に撮影された神戸モスクの写真は、いずれもが完成した時と同様に明るい色のままだった。海軍が接収したとはいえ、さすがに宗教建築に対して迷彩塗装はふさわしくないと判断されたのだろうか。もっとも全国的にみれば、攻撃の目標になるとの理由で宗教施設にも迷彩色を塗られた建物もある。

神戸モスクの内部の戦時下の様子や空襲対策についての記録は限られる。その限られた様子を「神戸空襲を記録する会」が記録していた。これによると、モスクでは、空襲への対策として「木の床」を畳、油紙、土で覆ったとある。

> しっかりした建築で大きな地下室があったためか、一九四三年の終わりごろ日本海軍に接収された。そんな中、信者たちは教会を火災から守ろうと木の床には畳を敷き詰め、油紙を敷き、その上に土を積んだ。建物はびくともしなかったが、硬質ガラスの窓ガラスは全部壊れた。室内のドアなど今も昔のまま残っている[14]。

当時、専門家らは焼夷弾対策として屋根の補強は必要ないと提唱していた。天井板を突き抜けず屋根裏にとどまった焼夷弾は、建物全体へ火焔を拡散させることになり逆に危険だと考えられたからだ。例えば「都市防空に関する調査委員会」の見解が新聞でも紹介されていた。

> どんなにしても木造家屋では焼夷弾は屋根を貫くから寧ろぶち抜かして床で消止めよ（略）下手に天井裏などで発火させてはかえって大事になるから天井もざっとしたものでむしろ床で発火させよ[15]。

では、モスクで「教会を火災から守ろうと」木の床に畳を敷いて土を積む対策が講じられたのは、建物のどの部分だったのだろう。この対策は火焔に弱い木造2階建ての附属家でとられたものか。モスク本体は鉄筋コン

クリート造だ。信者らは鉄筋コンクリート造のモスクにさえも空襲の脅威に不安を感じたのだろうか。

　1937年には、すでに「防空建築」の研究も進められていた。それは爆弾の構造物に与える衝撃の解析から防空壕の設置方法にいたる。建築学会の会誌にも「陸軍認可済」と添え書きされた研究報告が掲載されている。

　新聞にも「防空建築」についての「工学的」対策が披露されている。もっともそれらで提唱される対策は「突飛な建物や無理な構造を要求する様なものでは決してない」とされた。具体的にはどんなものか。

> 例えば空襲時に危険なる高層建築の制限であり、爆弾の爆破威力を増大する処ある中庭の類の禁止であり、防護室としての地下室の整備であり、偽装の研究であり、都市の緑化であり、更に進んでは耐震耐火建築の奨励斯道である（以下略）[16]

そして「飛行機から投下される焼夷弾に対しては鉄筋コンクリート造りの建物が最も安全である」と述べられている。

　モスクが1943年に海軍に接収された理由に、建物が鉄筋コンクリート造で堅牢であり、特に地下室が注目されたとの証言もある。「防空建築」としての性能が認められたということか。もしや「竹中図面」が準備され、その後のスワガーを加えた設計の見直しで新たに加えられた地下室は「防空建築」としての機能を意識して設置されたのだろうか。

　しかしモスクの地下室は半地下式だ。地階の壁面上部は地盤面よりも高く、四周に設けられたガラス窓はいずれも建物の外部に開いている。「防空建築」の研究にも例示された「耐爆」上で有利とされる完全な地下式ではない。このことを接収した海軍が知らないはずはないだろう。

　神戸大空襲でモスクの木造の附属家は燃え落ちた。モスクの窓ガラスは割れた。それでもモスクの銅板葺きの木造のドームは焼かれなかった。もしもこれに焼夷弾が直撃もしくは付近に落ちていれば、少なくとも木造のドームはひとたまりもなく焼け落ちただろう。

戦時下のイスラーム教徒の暮らし

戦時下、多くの外国籍の人々は、母国に帰国するか新天地を目指して、神戸を離れていった。このため戦時下のイスラーム教徒の人々の暮らしを伝える記録は限られる。

そんな中、名古屋に生まれ、神戸モスクの顧問を担ったファリッド・キルキー氏による、神戸市主催の行事での講演の記録は貴重だ[17]。キルキー氏は1937（昭和12）年に神戸に移り住んでいる。

1941年に戦争が始まる前からキルキー氏は旧・北野尋常小学校に隣接していた英国系のミッションスクールで学んでいた。学校には25か国におよぶ国籍の生徒がいて、神戸の山手では外国人をよく見かけたという。ミッションスクールの教員たちは多くが英国系だった。そのため彼らは開戦と同時に日本を去った。神戸の外国人も次々と祖国に帰ったり上海や香港などに身を寄せたりした。そして北野に住んでいた日本にとっての敵性国家の外国人の財産は敵国財産として管理される。

神戸に残った外国人の暮らしにも当局の監視の目が光ることになる。許可なく決められた地域から出られなくなり、無実の外国人がスパイ容疑で拘束されたとの噂もささやかれたという。

外国人の住居や商館は防諜の対象としてもとらえられた。

六甲の山麓に建つ建物からは港や市街地に向けて眺望がよい。望遠鏡をつかえば船舶の入出港、軍需工場や重要施設の監視や撮影ができると警戒されたのだ。海軍がモスクを接収したのは、モスクからの市街への眺望を警戒したのだろうか。

こうした中、外国人社会に対する反感が高まる。神戸での排外行動は全国的にみても厳しいものだったという。『神戸市史』には「欧米人による神戸経済の支配や排他的社会の形成に対する神戸市民の反感は伏在していたと考えられる」と述べられている[18]。これらの反感には神戸の知識人らの発言も作用した。市史には、当時の神戸を代表した知識人のつむぎだす、排外的な言説も世論に影響したと指摘されている。市民の中には「外人を山から引きづり下せ、ビルの窓を閉ぢよ」等と過激な主張をする者さ

えあった[19]。

　これは、ある種の反動でもあった。外国人社会が市民の目につきやすかったことが災いしたのだ。外国人は街を見下ろす山手に住んでいた。神戸経済で優位に立つものも少なくなかった。繁華街を闊歩し、豪華なホテルで華々しい社交を楽しむ彼ら。西洋館の洗練された暮らしぶりも目立っただろう。そんな彼らに対して市民は潜在的に鬱憤を抱えていたのか。

　キルキー氏の一家はトルコ国籍だった。戦時はトルコが中立的立場であったため日本を離れる必要はなかった。それでもキルキー氏らも街を巡回する憲兵の乗る馬の蹄の音がすると家に入ったという。無用な疑いをかけられぬようにラジオも処分した。

　残留した外国人の戦時下の暮らしは過酷だった。ほどなく食糧配給制となる。しかし外国人らの縁故は限られる。農村部の親戚や知人から食料を送ってもらうこともできなかったからだ。

　そしてモスクは海軍に接収される。戦時下のイスラーム教徒たちに、これに抵抗するすべはなかった。モスクのイマム（礼拝の導師）だったキルキー氏の父は、静かに自宅で祈りを捧げ続けたという。そして終戦の日まで、モスクに信者たちが集うことはなかったというのだ[20]。

　そして大空襲が神戸を襲う。「無差別焼夷弾爆撃」は、そこに住む人々の出自や国籍を選ぶわけではない。すべてを焼き尽くす。

　キルキー氏の家も焼夷弾で焼かれた。しかし幸運にも燃えさかる炎から逃れることができた。多くの人々が焼かれ、火焔からのがれ飛び込んだ水の中でおぼれた。キルキー氏らは浜手にまで逃げ通した。

　一連の空襲による犠牲者数には諸説あるが、全国で30万人を超すとも言われている。

　神戸の被害は全国的に見ても苛烈だった。市の統計によると死者は約7500人におよんだ。『戦災復興誌』によると、神戸への空襲で市街地の6割強が被害を受けた。罹災世帯は47万人に及んだ。都市基盤も壊滅的だった。橋梁は7橋が全焼、主な道路も破壊された。神戸の要である港も、倉庫などが焼失し1万4千トンもの貨物が燃えた[21]。

先にも述べたとおり、神戸はモスクが建設されてしばらくの 1939 年に推定人口上で百万都市となり繁栄を誇った。しかし終戦直後は、疎開の余波などもあって約 38 万人まで減った。

神戸市の人口が、市域の大幅な拡大を伴いつつも、再び百万人を超すのは 1956 年。戦後 11 年目になってからのことだ[22]。

注

1 布川弘、2005「近代における傾斜地と都市化についての素描：神戸における災害と都市化を中心に」日本研究・特集号 3、日本研究研究会（広島大学）、p.46。

2 神戸市（編）、1939『神戸市水害誌』神戸市、附図「阪神大水害・神戸市災害概況図（昭和 13 年）」より。

3 内務省神戸土木出張所、1939『昭和十三年神戸地方大洪水と其の復興計画の概要』内務省神戸土木出張所、p.7。

4 新修神戸市史編集委員会、2005『新修・神戸市史：行政編Ⅲ 都市の整備』神戸市、口絵写真 6、神戸市疎開空地・焼失区域並戦災地図（所蔵：兵庫県立図書館）。

5 神戸新聞「撃墜 撃墜 また 撃墜」1945.6.7。

6 神戸新聞「港都勢よく復興へ 一部、早くも電燈」1945.3.19。

7 神戸新聞「自宅の倒壊よそに 担架をかつぐ乙女の健気さ」1945.5.12。

8 神戸新聞「紙面広報：兵庫県・罹災者諸君に告ぐ」1945.3.25。

9 国土地理院ウエブサイト「地図・空中写真閲覧サービス 米軍撮影写真、USA-M324-A-6-87、撮影：1946.11.20」http://mapps.gsi.go.jp/（最終更新日：2010、閲覧日：2015.12.1）。

10 撮影：毎日新聞社（1945 年 10 月）。なお、この写真は各種の媒体で広く紹介されてきた。主なものに、新修神戸市史編集委員会、2005『新修・神戸市史：歴史編Ⅳ 近代・現代』神戸市、口絵 7。神戸市（編）、1989、既出、pp.110-111。

11 神戸新聞「これは危ぶない戦災地風景二題」1945.7.27。

12 神戸新聞「焦土に残るトルコ・タタール」1945.9.11。

13 「映像：第二次世界大戦後アメリカ軍が撮影した神戸の被災状況 1946 年 4 月から 6 月ごろ撮影」（所蔵：神戸市文書館）。

14 神戸空襲を記録する会、2005、既出、pp.101-102。

15 大阪毎日新聞「落下した焼夷弾は床上で消火せよ：建築家の対策発表」

1937.5.7。記事は「都市防空に関する調査委員会」の提言「焼夷弾による惨禍対策研究」を概説したもの。
16　東京日日新聞「防空建築、その他：ポケットサイエンス」1937.1.28。
17　神戸市住宅都市局主催行事「神戸建築物語・第3回北野異人館物語」（2007年3月10日）でのファリッド・キルキー氏による「異人館のくらしについて」講演録。
18　新修神戸市史編集委員会、1994『新修・神戸市史：歴史編Ⅳ 近代・現代』神戸市、p.866。
19　同前、pp.861-863。
20　朝日新聞「集う姿消えたモスク：祈りの場は踏みにじられた」2005.8.18。
21　建設省（編）、1991『戦災復興誌、第十巻・都市編』大空社、p.579。
22　神戸市役所、2002『神戸市統計書、平成13年』神戸市、p.18。なお戦後の人口増加には周辺の町村との合併による市域面積の拡大を伴っている。1939年から1956年の間で神戸市の市域面積は約6倍となった。

第8章　変貌──異人館街とモスク

「焦都」のモスク

　終戦後、ひと月たったころの神戸モスクの様子が、地元紙に報じられていた。記事は「焦土に残るトルコ・タタール」と題されていた。

　　一日神戸のトルコ・タタールを訪れてみると、唯一人の日本人たるK氏は戦火のため行方も知らず、ただ教徒の老婆が物悲しき表情で黙々とパンを齧っているのみ、老婆は答えるすべもしらない、回教徒達の願いの何んであったかは知るすべもなく、ただ大きな謎となって残っている。暮れ行く焦都の夕暮何か回教徒達の未来の運命が暗示されてはいるような気がした[1]。

　モスクには1人の老婆しかおらず、日本人の信徒は行方不明とある。
　この記事にはモスクの写真が掲げられていた。これまでに見てきた戦中、空襲直後の写真と同様、モスクは明るい色のまま。ほんの一部、壁に黒くなった部分がみえるがドームもミナレットも完成の時のままだ。
　同じ紙面には、神戸の復興に向けた、様々な施策が発表されている。しかし茫漠と広がる「焦都」の姿を眼前に、市民の失意はいかばかりだったか。それは奇跡的にも空襲によって焼かれることのなかったモスクに再び集ったイスラーム教徒の人たちにとっても同じだっただろう。
　モスクの建設以前から目覚しい成長を続けた神戸は「港都」とも呼ばれ愛された。その栄華を都市の風景に現し続けてきた。しかし大空襲に襲われ、終戦後の神戸は「焦都」となった。
　イスラーム教徒の人々も、戦時下に国外に逃れた者、焼け出された者、置かれた境遇は様々だった。

終戦直後のイスラーム教徒たち

　戦後間もなくの神戸の外国人社会は、戦災で財産や仕事を失った人も少なくなかった。また終戦直後の混乱により国へ帰った人も少なくない。

　戦争による神戸の外国人の人口の変動は統計にも現れていた。神戸の外国人の人口はモスクが建立された時期を境に減少を続けていた。外国人の人口の総数は1935（昭和10）年には約9100人あった、それが1939年には約7400人に減少する。この時点で、中国人がおよそ半数を占め、残りがインドやイギリスなど様々な国籍からなる。タタール系を含む白系ロシア人は1939年に305人だった。

　戦中は刊行の絶えていた『神戸市統計書』は1948年に復刊した。

　これに示される外国人人口は大きな変動が示されていた。戦後の1947年には朝鮮籍が外国人人口に計上されたため約2.1万人と増えている。内訳では、朝鮮籍が約1.5万人、中華民国籍が約5300人、他の外国籍が1100人余り。外国人は、神戸市の人口の3.5％をしめ国籍は41におよんだ。この統計は1947年の集計を受けて刊行されている。終戦後ほどなく神戸に戻った人もいただろう。

　この時点でもモスクの建つ旧・生田区（現・中央区）は外国人の占める割合が高く、その国籍も多彩だった。トルコ148人、白系ロシア136人、印度30人などと記されている[2]。

　ただし、この中にイスラーム教徒の人たちがどれほど含まれるかを読み取ることはできない。

　先の章にもみたとおり国籍と信仰は一致しないからだ。店田廣文によると、戦中、日本に住んでいたイスラーム教徒の大半を占めていたのはタタールの人々だった。彼らは戦後、トルコ国籍を取得して多数が出国したという。その後、1950年代半ばのイスラーム教徒の数は、日本人信徒や、残留したタタールの人々を含めても全国で数百人程度ではないかとみている。日本人で改宗した人や留学や就業などで、イスラーム教徒人口は徐々に増加してゆく。それでも全国で数千人程度の人口規模で推移し、滞在期間も短期の人々もあり様々だった[3]。

連合国財産と神戸

終戦に伴い、外国人の所有していた財産の扱いが一転した。

戦時下に当局の管理下にあった外国人の財産は、戦後、連合国財産として扱われることとなる。終戦後の混乱期にあって、各連合国とその国民の所有する財産の保全をはかったのだ。

神戸モスクの建つ山手には外国人の所有する土地や建物などの不動産が多くあった。転居や帰国などにより所有者が不在となった土地や建物などの財産は、指定の管理者の下で維持される事となる。無論、管理者に許可を得ずして不動産に立ち入ることは不可能。土地の測量もできない。

このことは神戸の戦災復興にも影響した。焼け跡に新しい市街地を再建するにも、土地の境界の確定も容易ではない。多くの不動産で所有者の所在を再確認せねばならず、土地区画の境界が明確でなかったのだ。

各種の補償や条件について所有者の同意のないままでは復興事業には着手できない。

神戸市の復興事業の担当者らは、他都市や外国に住む所有者と連絡を取ることから始めた。相手方に手紙を書き、文書の翻訳を繰り返す作業を延々と続ける事になる。『戦災復興誌』には苦労が記されていた。例えば「中国人の氏名が判然とせず、借地権の場合はその登記もないため、応々見落としするものが続出する始末で、その申出と謝罪に苦労を重ね」ることになったという。転貸されている場合は権利関係はさらに複雑だった。

『戦災復興誌』の言葉を借りれば外国人が多く暮らした、国際都市としての神戸は「国際問題にからんで復興事業の進捗は阻まれがちであった」のである[4]。

ハッサム住宅

ただこのことは、戦後の混乱の中でも、空襲から焼け残った建物が取り壊される事なく残された要因ともなった。建物の除却や不動産の売却に、時間と手間を要したためだ。

先の章で戦時下の暮らしぶりを見たキルキー氏は、空襲で焼け残った北

野の知人宅に身を寄せた。キルキー氏の父の知人で、シリア人の邸宅内のお手伝いさん用の家に住んだという。その後しばらくして、キルキー氏が住むのが、現在、相楽園に移築されている「ハッサム住宅」だ。

ハッサム住宅は元々、北野町にあった。キルキー氏はこれの来歴をこのように証言している。

> 北野町のハッサム邸ですが、そこは戦前からイスラム教会のものになっていました。そこには当時はドイツ系の人が住んでおられましたが、戦後2年ぐらいたってから、その方が国へ帰られて家が空きましたので、そこへ移りました。その当時、イスラム教会の理事長だったビギリッツという人も、やはり家をなくしていたものですから、その方が2階に住んで、私どもは1階に住んでいました[5]。

ハッサム邸は、なぜ北野から相楽園に移築されることになったのか。

神戸市によるハッサム住宅の文化財修理の報告書をみる[6]。同報告書で参照された家屋台帳の情報によるとハッサム住宅は1902（明治35）年に新築。所在地は北野町2丁目33番地。この年にハッサムから届けが提出されている。建築の後、この住宅は、ハッサム自身を含む個人や横浜正金銀行神戸支店などに所有者が変わる。そして1939（昭和14）年に「フエロブ・デイン」の手に渡っている。この人はモスク建立の際の最大の寄付者フェロズディンのことだろう。モスク完成から4年後のことだ。

キルキー氏は、ハッサム住宅には3年程度住んだという。時期的には1947年から1950年前後だろうか。キルキー氏の回想によると、このころの北野は閑散としていたという。洋館にも空き部屋や空き家が目立った。そこでキルキー氏の一家はハッサム住宅を出て別の家を手に入れた。

キルキー氏によると、ハッサム住宅はその後、様々な用途で使われた。

> ハッサム邸は、私どもが出てから1年半から2年ぐらいは、教会（神戸モスク）が日本の短大（神戸女子短期大学）に寮として貸していました。しかし、非常に古くなっていましたので、消防局からのいつ倒れるかわからないから住むことには向かないという話しがあって、学生さんたちにも出ていってもらいました[7]。（丸括弧内追記：筆者）

所有者のモスク側は、老朽化の著しいハッサム住宅は多少の修理を施す程度では使い続けるのが難しいとみていた。一方で、研究者らは早くからこの建物の歴史的な価値に注目していた。

　この状況を知った市は、ハッサム住宅の保全を目指してモスク側に建物の譲渡を願い出る。当初は、北野町のハッサム住宅の建っていた敷地での保存が検討されたが、次善の策として建物を相楽園内に移築することになった。

　その時期には、すでに神戸モスクは宗教法人格を有している。いったんは社団法人となり、1955年に宗教法人「神戸回教教会」として登記された。これはわが国のモスクとして最も早い法人格の取得となった。その後、1991（平成3）年にモスク建立時のとおり「神戸ムスリムモスク」に改称されている[8]。

　ハッサム住宅の移築に際して、市とモスクとの交渉では「名誉事務局長のスタコー氏」がモスク側の窓口となった。建物の移設費用やその時期に関する調整が図られた。

　モスク側からは、移転後もハッサム住宅がモスクからの寄付であることをパネルなどで掲示してほしいとの要望も出された。

　そして1961年にモスクから市へ建物が寄付される。同じ年には、建物は国の重要文化財に指定されている。そして2年後の1963年に相楽園内に移築された。市の報告書には、モスク関係者とともに北野の住民だった人への謝辞が記されていた。

> 旧ハッサム住宅の保存の陰には回教寺院側のこのような協力があつたことを特記しておく必要があり、また北野町に長く居住して回教寺院の代表者らと親しかった（略）夫人が、一市民としてこれらの交渉に協力を惜しまなかつたことがあつた[9]。

京都での弔い

　こうして戦後の生活を立て直すなか、信徒同士で助けあう姿が新聞に残されていた。

戦中に日本軍政下にあった東南アジア諸国では日本語教育が行われた。各地の特に優秀な者は「南方特別留学生」として日本に「留学」させたのだ。元留学生らは、戦後も少なからずその留学経験を好意的に書き残している。ただし、この留学は軍の訓練をもとにしたものだった。
　広島への米軍による原子爆弾の投下では、広島文理科大学（現・広島大学）に留学中の東南アジア諸国出身でイスラーム教徒の留学生たちも被爆した。彼らの幾人かは命を落とした。
　辛くも難を逃れた留学生らは東京を目指す。東京に向かう車窓から神戸モスクの姿は見えただろうか。
　ところが東京に急ぐ道中の京都で、被爆により容態のすぐれなかったマレーシア人のサイド・オマールが亡くなってしまう。彼は入院先の京大病院で息をひきとった[10]。
　彼の弔いには神戸モスクの関係者の姿があった。オマールは京都に葬られることになった。彼はイスラーム教徒だったため、京都の人々は「神戸から回教の牧師を招いて南禅寺の大日山に手厚く葬った」のだ[11]。この神戸から招かれた回教の牧師とは神戸モスクの関係者のことだろう。
　しかし、ほどなくこの墓は荒れてしまう。このことを新聞で知った京都の篤志家が私財を投じて新たな墓の建立を決心する。その後、埋葬を受け入れる寺を苦心して探し京都市左京区の圓光寺に建立することになる。碑文は武者小路実篤に依頼されている。
　この新たな墓の建立では、オマールの遺族から「回教徒風の様式ならお任せする」との回答を得た。建立者らは遺族からの求めである回教徒風の墓の形を決めるのに試行錯誤する。
　そこで京都の建立者らは神戸市を経由して「回教徒のスタコー氏」に協力を仰ぐのだ。このスタコー氏は先のハッサム住宅の移築でも神戸市との交渉の際に表れた。この時期の神戸モスクの代表者だった。
　1961（昭和36）年の圓光寺での法要でも「神戸の回教徒牧師二人が哀切きわまりないコーランの祈りをあげ」たと報じられている[12]。

第8章　変貌──異人館街とモスク　167

NHK連続テレビ小説と「異人館街」

　山手の一部は、幸運にも空襲の戦火から逃れた。戦中の敵国財産や、戦後の連合国財産との扱いもある。戦時以降、日本国外に移った所有者と連絡が取りにくかったこともあるだろう。

　1955（昭和30）年の頃までは200棟もの「異人館」が山手に点在していたという。神戸開港後に「雑居地」として地区が形成して以来「300棟以上の異人館街ができ上がった」とされるから棟数では3分の2もの異人館が残っていたのだ[13]。

　しかし移築されたとはいえ、ハッサム住宅のように修理再建されたのは限られた事例にすぎなかった。空襲から生き残った異人館が相次いで姿を消したのは、むしろ、この後の高度経済成長以降の開発によるものだった。北野地区は、神戸の中心商業地からもほど近く、南稜で日当たりも良い、港を望む絶好の眺望。他地区に住む神戸市民にとって、まさしく羨望の地。不動産開発にもってこいだった。

　ここにホテルや商業ビル、マンションなどが次々に新築されていった。異人館は比較的に大きな敷地に建っている。これはマンションなどの大きな建物の建築用地としても好適だ。

　地区（北野町1〜4丁目と山本通1〜3丁目）の建物の延床面積は1970年からのわずか5年間で約3割増の約33万 m^2 に増。マンションなどの大型で背の高い建物が増えたからだ。逆に、異人館を含む、昭和以前に建てられた古い建築物の延床面積は、同じ5年間で17%の減となった[14]。

　この地区に押し寄せた開発の波は一度きりではなかった。昭和30年代は「ラブホテル」、40年代は「マンション」、50年代の「ファッションビル」の建設ブームが押し寄せた。このこともあって阪神・淡路大震災の前には、異人館は80棟程度にまで減ったという[15]。

　風光明媚を誇った地区には、背の高いマンションやホテルが入り混じることになる。1960年頃の神戸モスクと周辺の風景が写真誌『アサヒカメラ』に掲載されていた[16]。「モスクのある風景」と題された5人による写

真には、モスクの周囲にはすでに背の高い建物が建ち並ぶ様がわかる。中藤敦の写真には、モスクの南の海側を遮るように鉄筋コンクリートの集合住宅が建っている。撮影者の一人は、周りに建物が建てこんできて尖塔を眺められる場所が狭まってきたと撮影の印象を記している。

　ホテルやマンションの相次ぐ建設に対して、住民の反対運動も起きた。開発による人口増加や商業化は、閑静な住環境を損ねることにもなる。これを受けて神戸市の都市計画での新たな開発抑制策にも反映された。1966年には住居専用地区に指定、また1973年には背の高いマンション建設の一定の歯止めとして、建物の最高高さも定められた。

　それでも地区への開発需要は旺盛。一方で異人館の老朽化は止まらない。応分に維持費もかかる為、所有者も扱いかねる場合も少なくなかった。解体された洋館の廃材はペンキ塗りであることもあって、風呂屋が「よく燃える」と薪代わりに引き取っていったという。

　ところが、この流れがかわる。潜在していた「異人館街」の魅力が発見されるのだ。

　この背景には諸説あるが、1977年にNHKの連続テレビ小説「風見鶏」が放送されたことが大きいという[17]。このテレビ小説は、大正時代の神戸を舞台に、実在したドイツ出身のパン職人と結婚した日本人女性を取り上げた。ただし夫妻は「風見鶏の館」(旧トーマス住宅) に実際に住んだわけではなくこの点はフィクションだった。

　しかしテレビ小説では風見鶏と屋敷の風景が、繰り返し放映される。街の風景も映る。これ以降この小さな風見鶏は、神戸の異国情緒の象徴となり、繰り返し転写されてゆく。

　橋爪紳也は、北野が「異人館街」に変貌する構図をこう見立てる。

> ドラマは、明治建築の再評価を促す契機となった。一方、若い女性向け雑誌「アンアン」「ノンノ」を手にした「アンノン族」が、開通したばかりの山陽新幹線を利用し、神戸も旅先に選ばれるようになる。若者を意識した消費文化は、常に新しい、おしゃれな場所を求める。古き良きものを残そうという「ノスタルジア」と、流行を重視する

「消費文化」の二つの潮流が、北野の異人館で合流した。この動きに、ドラマが大きな役割を果たしたといえるだろう。北野が観光地として定着したのは偶発的でもあり、必然でもあった。[18]

山陽新幹線は1972年に岡山まで開通。その3年後の1975年に博多まで全線開通している。ダイヤ改正により新神戸駅に停車する新幹線の本数も増える。東京や名古屋、福岡などの大都市から神戸への時間距離は劇的に短縮。

その新神戸駅から、異人館街、ドラマでも注目された「風見鶏の館」までは坂を登って1キロメートルほど。駅近の観光地の誕生だ。

地元経済界も観光産業の振興に向けてこの好機を見逃さなかった。様々な観光キャンペーンが打ち上げられる。また神戸市はドラマ開始のわずか2か月後「風見鶏の館」を買い上げる。

さらに1980年には北野の一帯が、国の重要伝統的建造物群保存地区（重伝建地区）、いわゆる町並み保存地区に選定される。これは1975年の文化財保護法の改正による新しい制度だった。これに選定されることで歴史的な建築物と町並みをまもりやすくなる。選定された地区に建つ歴史的な建築物を保存しつつ、その修理や周囲の景観に、より調和する形態にする際に補助が得られる。一方で、建物の改造や建て替えには定められたルールに従う必要もある。

町並み保存地区に選定される以前からも、神戸では永年にわたり対応が模索されてきた。北野の町並みを育むことをめざし1977年には「北野・山本地区の景観及び異人館等の保全に関する提言」が提出されている。そこでは、異人館などの文化遺産を受け継いでいくこと、住宅地としての安全、利便、快適な環境整備を進めること。そして、神戸らしさ、北野らしさのあふれる街づくりを進めることが提唱されている。

連続テレビ小説「風見鶏」の視聴率は最高で50％に達した。これを契機に異人館ブームを呼んだ。さらに、歴史的な町並みの保全を進めることは、観光客を受け入れることにもなる。観光客が増えることは思わぬ課題を生じた。

町並み保存にむけた市報告書『異人館のあるまち神戸』は「観光客の旺盛な好奇心は、住民のプライベートな領域にまで立ち入るようになり」地区の生活環境を脅かしかねないと指摘した。
　観光客を見込んだ民間業者の異人館の買収も進んだ。このことに対して市が異人館を借り上げて内部を公開することを急いだ契機にもなったという[19]。
　地価は年々上昇していた。異人館の所有者としてみれば、これを維持するか否か、また売却時期の見極めにも心が揺れた。

「異国情緒」の経済

　「異人館街」で変化したのは都市景観だけではなかった。地区の近隣社会も変貌した。北野町と山本通の人口[20]は、1950年代は6000人程度。それが、1960年代初頭には7000人を超す。その後1960年代後半に都市のドーナツ化現象に伴って若干の減、その後、マンションブームでふたたび急増している。
　一方で北野は外国人の占める割合の高い、多彩な人口構成の街だった。1970（昭和45）年時点で人口のおよそ4分の1を外国人が占め、その内の半数を中国籍の住民が占めていた[21]。ちなみに市全体では2.8％だが、旧・生田区（現・中央区）で10.9％だった。
　町並み保存では、歴史的な建物の姿をまもるだけではなく、近隣社会の日々の暮らしを育む視点が欠かせない。北野の場合、多様な人々の暮らしは何より大切だ。
　先の市報告書『異人館のあるまち神戸』にもこの点が指摘されていた。今後の異人館街のありかた、そしてコミュニティの大切さだ。

> 今なお住民の約4分の1が外国人で、しかもいろいろな国籍の人々が住み、開放的で異国情緒豊かな特異な性格をつくっている。こうした国際色豊かなコミュニティを育て、国際文化交流を図ることが、神戸らしさを代表するこの地区の役割であり、また北野らしい町づくりを行なう上での基本的事項であると考えられる。

モノとしての建築物を保存する。カタチとして異人館街としての景観を美しく整えることは、わが国の建築技術や行政、そして経済力をもってすれば難しいことではない。しかし、それ以上に難しいのは、そこに暮らす人々の日々を受け止め、その豊かさを将来にわたって確かなものにする事だ。

　しかも、大都市である神戸全体から見れば、小さなこの地区が、神戸の顔となり「異国情緒」や「国際色」そして「神戸らしさ」を代表する役割も期待されてゆく。この事は、先の報告書でも指摘されている。

　　神戸らしさ、北野らしさとは、……異人館、外国人、港、六甲山、坂道、ファッション、先取性など、さまざまなイメージは湧くがこの「…らしさ」ほど漠然としたイメージはない。整備の基本方針の一つである「神戸らしさ、北野らしさのあふれるまちづくりをたえず指向すること」は難しい課題であり、試行錯誤を繰り返すなかで、神戸らしさ、北野らしさを探り出していかなければなるまい[22]。

　大空襲と、戦後の開発によって失われたとはいえ、当時残っていたとされる100棟の「異人館」は、観光客の「異国情緒」を充分に昂めたにちがいない。新幹線開通とテレビ小説はその追い風となった。そしてこの盛況に、神戸は「異国情緒」に確かな手応えを感じていた。

　新幹線に乗って押し寄せる観光客の波。メディアを通じ観光地としてひろめられ転写された北野のイメージ。「異国情緒」は、どのように訪問者の目に映り、伝えられたのだろうか。ここを訪れる人々のまなざしに、街の風景の陰翳、都市の記憶の奥行は伝わったろうか。神戸に身を寄せた無数の人々の足跡に思いをはせる余裕はあっただろうか。当時の旅行ガイド本をみても、その「国際色」や「異国情緒」は、西洋世界のもたらしたモノやコトへの描写が厚かったことはないか。その一方、アジアやイスラーム文化を含む広い世界のもたらした事物を「神戸らしさ」の源泉としてとらえる視点は思いのほか薄かったのではないか。

　神戸が全国に先駆けて「ファッション都市宣言」を打ち上げたのも「異人館街」が脚光を浴び始めたのと同じ時期のことだ。1973年に宣言され

る一見華やかな「ファッション都市」も時代の要請を伴っていた。この「宣言」の背景として神戸市はこう説明する。

> 「宣言」の背景として、それまで輸出を中心に発展してきた製鉄・造船といった重厚長大産業に翳りが見え始め、都市の継続的な発展のためには、別のソフト路線の産業振興にも取り組む必要があったからと言われています[23]。

これは神戸の産業構造の転機とも重なる。市民や観光客の目に留まりやすいファッション産業の振興は、都市イメージの向上やブランド力の強化にも貢献するものと期待された。

戦後の神戸は、一貫した成長を謳歌したのではなかった。政財界はすでに「重厚長大産業の翳り」の予兆を感じていたのだ。藤本建夫は、神戸経済の陰りは、すでに1950年代半ばにはその予兆が現れていたと指摘する。それは後に主要な製鉄所等が、神戸から他都市へ移転していった一方で、わが国の高度経済成長を支えた自動車や家電などの製造業が、神戸には育たなかったからだと指摘するのだ[24]。

わが国における神戸港の位置づけもうつろった。戦後間もなくの神戸港の実力は圧倒的だった。1950年の神戸港は全国の輸出の46.7％、輸入の37.2％を占めた。神戸はわが国の五大港で、他の港湾（大阪、横浜、東京、名古屋）を大きく引き離していた。それが20年後の1970年には輸出23.3％、輸入11.6％まで低下する。国内の物流総量は増加したのだが、全国各地に港湾が整備され、国内の港湾間の競争が激しくなり神戸港の全体に占めるシェアが下がったのだ[25]。今では、上海や香港、釜山など近隣諸国の大港湾との国際競争にさらされている。

海と山に挟まれた神戸の市街地には、新しく若い分野の産業を誘致するにも余地が限られる。土地に限りのある都市は地価が高止まりする。また公害対策から工場への立地規制も年々厳しくなってきた。それに1970年代にはオイルショックが追い打ちをかける。

こうなると、港を誇り「重厚長大産業」に支えられた神戸の活力低下は避けられなかった。都市間の競走も年々厳しさを増す。

この先の神戸の成長を維持するためにも、既存の基幹産業を再びテコ入れするとともに「別のソフト路線」を模索する産業振興が必須になったのだ。こんな時代の転換のもと神戸は「異国情緒」を軸とする観光産業、そして「ファッション」に希望をみたのだ。

静かなモスク
　こうして神戸、北野へは観光客が増えてゆく。それでもモスクの静かな日々は変わらなかった。
　この頃のモスクの様子は、近年まで神戸モスクの理事長を務めた新井アハサンさんも覚えている。
　新井アハサンさんはパキスタンに生まれた。大学を卒業後、来日した。当時、祖父が日本の時計メーカーの代理店をやっていたのだ。祖父は商談などで来日し日本になじみがあった。そのころ、取引先のメーカーは時計の自動巻き技術を確立していた。新井アハサンさんはその先進性にひかれ1976（昭和51）年に来日。時計メーカーの研修生となる。研修を終えその後、時計の貿易を始めることになる。22歳で東京に自らの会社を立ち上げた。
　神戸には1980年にやってきた。神戸にやってきた理由には、神戸モスクの存在も大きかったという。また関西は東京と比べて大手企業の勢力が圧倒的でなかった。関西の起業家精神も魅力に感じたと言う。その後、ビジネスをさらに広げ繊維製品、自動車部品までを扱ってきた。一貫してこれらを独力でとり仕切ってきた。
　新井アハサンさんが神戸にやってきた1980年頃、神戸モスクは静かだったという。モスクには、管理をする年配の女性が1人いただけだった。この女性とは、もしや先の神戸新聞の記事[26]でもふれられていた「物悲しき表情で黙々とパンを齧って」いたという「老婆」のことだろうか。それでもあの記事が書かれた終戦直後からは、すでに30年以上がたっている。
　当時のモスクでの日々の礼拝者は今日の様に多くはなかった。新井アハ

サンさんの記憶では、金曜日の礼拝でも、礼拝者は10人程度。アラビア人が5〜6人、トルコ人が1人、パキスタン人が3〜4人だった。それぞれが日々の暮らしと仕事に追われることもあって、金曜以外の日中の礼拝は、新井アハサンさん1人のことさえあった。

そのころの神戸の街は、面白かったと新井アハサンさんは回想する。

神戸港には、貨物船が荷役作業や補給の間、しばらくの間停泊してゆく。省力化と機械化の進んだ現在のコンテナ船と比べても、当時は1隻に乗り組む船員の数も多かった。船員たちはこの間、久しぶりの上陸に、はねをのばしに神戸の街に繰り出してゆく。新井アハサンさんは、街を歩いていて中東をはじめとするイスラーム諸国からの船員たちを見かけると声をかけてモスクでの礼拝に誘ったりしたという。

海運のコンテナ化は世界の流通を一変させた[27]。低いコストで荷物を傷めることなく大量の貨物を送ることができる。港湾荷役の従事者も船員もより少数精鋭で済む。ただしこれによって船舶や施設の稼働率をあげるため停泊は短くなり、乗組員の上陸も限られるようになる。これは街の賑わいにも関係していった。

「ポートピア'81」

新井アハサンさんが神戸に来た1980年、神戸港のコンテナ取扱い量はニューヨークとロッテルダムに続く世界三位を誇っていた。世界の港を有する市民にとっても晴れがましいことだった。

神戸港ではさらなる拡張が進んだ。そのエポックは「ポートアイランド」の完成だろう。ポートアイランドの造成はすでに1966（昭和41）年から始まっている。神戸市西部の丘陵を削り、その土砂を埋め立てに用いた。「山、海へ行く」とも呼ばれる一連の開発事業で、港には海上都市が、内陸の丘陵地には広大なニュータウンが拓かれた。このニュータウンと市街地は、新鋭の市営地下鉄がつなぐ。神戸っ子は、土砂の積まれた茫漠とした埋立地が、高層ビルが建ち並ぶ、輝ける未来都市に生まれ変わってゆく様を凝視した。

一連の神戸の開発をとらえて、人は「株式会社神戸市」と呼んだ。

ポートアイランドの完成により神戸港の港湾施設の近代化はさらに進んだ。貨物船は年々大型化している。接岸には長大で水深の充分な埠頭が必要だ。それに膨大な数のコンテナを迅速に荷役できるガントリークレーン、これを運び出す大型トラックの通行できる道路網ももとめられる。ポートアイランドと神戸の街はこれらを兼ね備えた。

ポートアイランドの完成を記念して催された「神戸ポートアイランド博覧会」（ポートピア'81）は、大盛況だった。神戸の市街地と、無人運転電車のポートライナーで結ばれた会場には30を超える国と地域が出展した。

ロックバンド「ゴダイゴ」の謳いあげる近未来的なキャンペーンソング『ポートピア』の恍惚感は、疑いなくこの神戸が、世界最先端の都市だと実感させた。

会場に建ち並んだパビリオンは、まさしく発展する科学技術と、未来都市、神戸の饗宴。神戸製鋼、川崎製鉄、ダイエー、上島珈琲……わが国の有力企業が、来場者に向けてさし示す未来は、燦然と輝き、科学技術の可能性は無限にみえる。

映像スペクタクルを誇ったダイエーのオムニマックスシアターは連日の大行列。一方、日本専売公社の「たばこと塩のパビリオン」は比較的にすいていて、夏の日の休憩場所としてお父さんたちに愛された。

パビリオンの形もそれぞれにユニークだった。会場の南に聳えた、巨大な白いコーヒーカップ、上島珈琲のＵＣＣコーヒー館は特に来場者の目をひいた。

ポートピアの「国際館」と「異人館通り」

博覧会のテーマは「新しい"海の文化都市"の創造」だった。これを補完するサブテーマも定められた。その一つが「手をつなごう世界のふるさと」だった。

ポートピア'81で、神戸はどのように世界とつながったのか。

会場には世界各国からも出展された。合計4棟の外国館はそれぞれに国

際館となづけられた。フィンランドからパプアニューギニア、国連まで合計で20を超える国や都市、国際機関が出展した。

　東西冷戦下のこと。どの館にどの国が出展するかの調整は容易ではなかった。博覧会事務局の運営を担当した市や各機関から集められた精鋭の行政マンでさえもその調整には苦戦したという。

　それでも1981年3月、無事開幕。会期中、国際館は企業館のようなスペクタクル感はないものの、多くの訪問客を集めた。その一つ「国際3号館」はサウジアラビアが一国で出展した。展示は同国の港湾庁がとりおこなった。展示の中心はサウジの誇る石油積み出し港の模型だった。これにはジェッダ港の完成予想模型が展示された。ジェッダは聖地メッカの最寄りの海港都市。古くは、巡礼者たちが海路でジェッダの港を経てメッカを目指した。東南アジアの港町で、往時、巡礼者が集まっていた街には、いまでも「リトルジェッダ」と愛称される界隈もある。

　この「国際3号館」には、港湾や砂漠の様子のみならず、イスラーム文化も紹介されていた。博覧会公式記録によると「イスラム文化を紹介するものとして、イスラム教の教典コーランの実物やイスラムポット等の金細工・工芸品、メッカ巡礼の模様を刺しゅうした壁かけ、写真など」が展示されたという。案内に立った、サウジ本国から派遣された案内担当者は、アラビア語で来場者にサインするなどした。「展示内容が全体に堅かったにもかかわらず、ふれあいのあるユニークな外国館として入館者に好評だった」と記録されている[28]。

　このような展示に加えて訪問者の興味を引いたのが各国の製品の販売コーナーだった。スリランカ、メキシコ、タイなどが出展した「国際4号館」の販売コーナーはとくに好評だった。公式記録によると「出展国の多くは自国産品の展示、即売に力を注いだが、それがかえって国際色を持ち上げる結果となった」とのことだ[29]。

　実際に国際館の16の店舗だけで、約45億円の売り上げがあった。売り上げの区分にもよるが、国際館での売上はその店舗数は少ないにもかかわらず、国内からの出展館や他の売店と比べても群を抜いた[30]。

第8章　変貌——異人館街とモスク

国際館と共に、好評だったのが会場内につくられた特設の「異人館通り」だった。会場内の長さ200メートルの「異人館通り」は、明治の神戸の豪商の商家、西洋館、港のイメージを模した仮設の町並みがつくられた。それぞれの仮設建物には合計22の売店や食堂が開店した。「異人館通り」では大道芸が行われ好評だった。「異人館通り」の売り上げは国際館と同様に上々だったようだ。

　この特設「異人館通り」の記録写真には「ハッサム住宅」が写っていた。8軒の西洋館の一つにハッサム住宅を模した店舗があったのだ。ここに軽食と喫茶の店舗が入居した[31]。おしよせた来場者たちは、ハッサムとこの住宅の来歴に気付いただろうか。

　ポートピア'81は大成功だった。わずか半年の会期に1600万人もの入場者があったのだ。博覧会の事務局長の重責を勤め、後に神戸市助役となった宮岡寿雄『ポートピア'81成功記』には博覧会の果実がこう総括されている。

> 神戸博が社会に及ぼした影響は文化的、経済的波及効果において顕著であった。地域のイメージアップや人的交流の拡大は、（略）新産業の立地促進等地域の社会経済活動にも新たな展開の可能性を生み出した。海外から多数の観客を迎え民間外交の実績をつくったのも地域の誇りである[32]。

　宮岡によるとこの博覧会によって2兆円もの生産誘発効果があったと示されている。

　神戸のポートピア'81は「万博」ではない、いわゆる「地方博」だった。一方で、「国際博覧会条約」による博覧会は「万博」として各国政府が威信をかけて推進する。当初、万博にならぶものを一地方都市が成功させるのは容易ではないと見なされていた。それが「株式会社神戸市」は、地元経済界の後押しもあって大成功だった。その上、一過性のイベントだけではなく、後世に誇る海上未来都市と最先端の港湾を造営することに成功している。

　これは多くの地方自治体にも驚きをもって受け止められた。そしてこれ

がわが国の地方博覧会ブームのきっかけともなった。2兆円の生産誘発効果にあわせてポートピア'81の博覧会そのものに、60億円の純利益があったことも大きかったのかもしれない。

光り輝く神戸

ポートピア'81終了後、会場用地は民間に売却された。これも博覧会の準備時点から想定されていた。このことも博覧会の大きな成果だった。

今、ポートピア'81の名残をみることはできない。しかしそのいくつかは姿を変えつつも現在も残る。

巨大な白いコーヒーカップ、ＵＣＣコーヒー館もその一つだ。設計施工は竹中工務店。先にも述べたとおり、会場の南の玄関口に屹立する巨大なカップは高架軌道を走るポートライナーの車窓からもよく見えて来場者の目を引き付けた。

このパビリオンは、博覧会の閉幕6年後の1987（昭和62）年に「ＵＣＣコーヒー博物館」に改築された。内部はおおむねそのままで、コーヒーカップの外観は「イスラム教のモスク」に装いを新たにしたのだ。同博物館は「コーヒー博物館の外観は、イスラム教のモスク（寺院）をイメージさせるモダンなデザインになっています。これはイスラム教のモスクにおいて、コーヒーが重要な飲み物として扱われ、後に世界に飲用を広める契機となったという史実」に基づいたからだ[33]。

改築を担当した竹中工務店の設計者によると、建物のデザインは「外観はイスラム風、内部はニューヨークのグッゲンハイム美術館風」と説明されている[34]。グッゲンハイム美術館。ライトの代表作だ。たしかにコーヒー博物館には、グッゲンハイム美術館と同様に建物の中央に螺旋状の通路がある。この螺旋は、改築される前のコーヒーカップ型のパビリオンの中に元々あったものだ。「イスラム教のモスク」の形になった博物館への改築工事でも温存された。

建物の内部と外部は、それぞれに別々の世界をまとう。一つの建築をめぐり人の好奇心は時代と国境を越える。異文化は感性を刺激する。建築も

都市空間も、あらたな創造力をいざなう役割を担い続ける。

　博覧会の成功に勢いづいた神戸ではさらに開発が進んだ。ポートアイランドの完成以降、港を中心に街のよそおいは大きく変わった。メリケンパーク（1987年）、新市庁舎（1989年）、ハーバーランド（1992年）が次々と完成。民間の新しいビルも次々と建てられる。郊外のニュータウンもさらに拡張した。街の建物は、次々に新しく大きくなり、そして輝きを増してゆく。それはポートアイランドの造営に続く、終わることのない手品のようだった。

　新市庁舎の完成した1989年、神戸は市制100周年を迎えた。

　1992年頃に市の人口は150万人を超す。観光産業も好調。1970年代末の神戸の年間観光客数は1500万人前後だった。それが、ポートピア'81の年は3000万人を超している。

　博覧会を契機にしつつ相次ぐイベントの実施により、神戸の観光地としての知名度もさらにあがる。主なものだけでもユニバーシアード神戸大会（1985年）、アーバンリゾートフェア（1993年）などが相次いで開催される。これらにより観光客数の順調な伸びにつながった。1993年には年間2500万人に迫っている。

　一方、この開発の進展と観光化については慎重な見方もあった。藤本建夫はこう指摘した。

> 相次ぐイベントで観光都市神戸の幻想が生まれた。むしろ常にイベントを組まなければ、という体質がいつの間にか出来上がっていたようである。観光とは「光輝いているもの」と諸橋轍次『大漢和辞典』は定義しているが、神戸市の観光政策は神戸独自の光り輝く観光資源をアピールするものであったであろうか[35]。

　ゴダイゴは、博覧会キャンペーンソング『ポートピア』で、ここを明日につながる「光と波」の未来都市だとうたいあげた。

　たしかに「ポートピア'81」の頃の神戸は、この街が、最も光り輝き、そして波にのった時だっただろう。

注

1 神戸新聞、既出、1945.9.11。
2 神戸市役所、1948『神戸市統計書、昭和22年』神戸市、p.2-9「3．外国人」およびp.2-48、p.2-49「4．在留外国人」より。
3 店田廣文、2015『日本のモスク——滞日ムスリムの社会的活動』(イスラームを知る14)、山川出版社、pp.10-11。
4 建設省(編)、1991、既出、p.676。
5 神戸市住宅都市局主催行事「神戸建築物語・第3回北野異人館物語」既出。
6 神戸市建築局営繕第一課(編)、1963、既出、p.1。
7 神戸市住宅都市局主催行事「神戸建築物語・第3回北野異人館物語」既出。
8 新井アハサン氏へのインタビューおよび提供資料より。
9 神戸市建築局営繕第一課(編)、1963、既出、pp.4-5。
10 拙著、2012『南方特別留学生ラザクの「戦後」——広島・マレーシア・ヒロシマ』南船北馬舎、pp.76-80。
11 日本経済新聞「原爆犠牲者オマール君の墓建立に骨折った京都市民の善意」1969.8.8。
12 同前。
13 神戸市教育委員会(編)、1998『異人館復興——神戸市伝統的建造物修復記録』住まい学大系091、住まいの図書館出版局、pp.49-51。
14 神戸市、1982「異人館のあるまち神戸　北野・山本地区伝統的建造物群調査報告」奈良国立文化財研究所、神戸市教育委員会、p.59。
15 神戸市教育委員会(編)、1998、既出、p.76。同書では『町並み保存のネットワーク』(1987年)の情報を参照している。
16 『アサヒカメラ』朝日新聞社(1959年9月号)。
17 読売新聞「ユメと熱情のころ1955〜1985：025 神戸の異人館」2015.10.14。
18 同前。
19 神戸市、1982、既出、p.65。
20 人口は北野町1〜4丁目、山本通1〜3丁目を抽出。
21 神戸市、1982、既出、pp.58-59。
22 同前、p.71。
23 神戸市ウエブサイト、神戸市総合コールセンター「神戸ファッション都市宣言とは何ですか(FAQ000228100)」http://www.kobe-call3330.jp/faq/pub/FaqTop_doConfirm?id=FAQ000228100 (最終更新日：2016.6.13、閲覧日：2017.4.14)。
24 藤本建夫、2010『何が地方都市再生を阻むのか——ポートピア'81、阪神・淡路大震災、経済復興政策』晃洋書房、p.3。

25　同前、p.10。同書は『新修神戸市史』のデータを参照。
26　神戸新聞、既出、1945.9.11。
27　海運と世界物流の「コンテナ化」についてはマルク・レビンソンによる著がある。マルク・レビンソン（著）、村井章子（訳）、2007『コンテナ物語——世界を変えたのは「箱」の発明だった』日経ＢＰ。
28　神戸ポートアイランド博覧会協会、1982「神戸ポートアイランド博覧会公式記録」神戸新聞出版センター・電通、pp.220-221。
29　同前、p.222。
30　同前、p.358。
31　同前、pp.356-357。
32　宮岡寿雄、1982『ポートピア'81 成功記：都市の知恵と活力を生かした』学陽書房、p.274。
33　ＵＣＣコーヒー博物館ウエブサイト「ＵＣＣコーヒー博物館、日本でただひとつのコーヒー専門の博物館」http://www.ucc.co.jp/museum/about/（最終更新日：不詳、閲覧日：2016.1.8）。
34　建築思潮研究所（編）、1990「ＵＣＣコーヒー博物館」、『建築設計資料 28：記念展示館』建築資料研究社、pp.202-207。
35　藤本建夫、2010、既出、p.21。

第9章　震災——身を寄せた人たち

　神戸市内では開発が目白押し。そして「異人館街」には観光客が途切れることはない。このめまぐるしい神戸の開発のただなかにあっても、神戸モスクの静かな様子はかわることはなかった。
　それが1980年代の後半になると、徐々にモスクでの礼拝者が増えはじめる。
　わが国の経済はバブル景気で好調。神戸を往来する外国人の姿も目立ち始める。わが国の産業も多くの外国人の働き手を必要とし、一方で彼らの母国の経済的苦境も後押しした。また日本の大学などへの留学生数も増える。

増加した外国人

　法務省の調べによると、外国人の入国者数はバブル景気に入る頃の1985（昭和60）年で約226万人。その後、景気動向などに左右されながらも1995（平成7）年には約2倍。増加は続き2007年には約4倍の915万人にまで伸びている。
　この傾向は、同じく外国人登録者数にも表れる。1985年には約85万人が、2008年には約222万人に達している。国籍別では、2010年時点でおよそ7割が韓国、中国、ブラジルの3か国で占められている。景気動向や入国管理の情勢によるが、外国人の人口の増加は持続している。一方、わが国の総人口は2005年に初めて減少を示している。
　増加の傾向は日本に滞在する外国人イスラーム教徒の数にも表れた。
　1980年代半ばからイスラーム教徒の多い諸国からの外国人も増加する。パキスタンやバングラデシュ、イランなどのイスラーム諸国からの外国人

が特に多かった。国籍も多様になった。

ただし、滞在している外国人のうち、どれほどの割合がイスラーム教徒かを正確に把握するのは容易ではない。先の章でもふれた通り、統計上は国籍は把握できるが宗教別の内訳は計上されない。たとえば、日本に滞在するマレーシア人の人口は大きい。同国はイスラーム教を国教とする多民族社会だ。日本に滞在する人の内どの程度がイスラーム教徒かは正確に読み取れない。実際に、滞日するマレーシア人では中国系の割合も高い。

店田廣文の分析によると、1990年代の初め頃には不法残留者を含めて10万人を超える外国人のイスラーム教徒が日本に滞在していたと見る。その後、パキスタン、バングラデシュ、イランに対する査証相互免除協定の一時停止によって、在留資格を有する人のみが残る事となった。ビザや滞在要件、留学生の受け入れ政策などの情勢を受けて外国人の人口は変動した。店田はこれ以降の在留資格を有するイスラーム教徒の人口は1995年に3～4万人、2006年で6～7万人程度であったと推定している[1]。

この人口動態の下、わが国の外国人のイスラーム教徒は定住化の傾向にあるという。桜井啓子は、イスラーム教徒の優勢なインドネシア他の4か国の国籍者で「永住」や「日本人の配偶者」等として日本に滞在している人を対象に分析を行っている[2]。これらの人々は長期的に日本で暮らす可能性が高いのだ。これをみると、例えばインドネシア国籍者で上記の条件にある人は1990年で709人だったが、2000年には3323人にまで増加している。そして、2000年頃でも彼らの年齢階層は、比較的に若い世代の20から40歳の人々が優勢だ。

彼らの居住地を都道府県ごとに見ると、圧倒的多数が首都圏に居住する。これに続いて愛知や静岡、長野県も多い。神戸モスクのある兵庫県は、新潟や広島県と並ぶ程度の人口規模だ。

異国で生活する人々は、おのずと文化的背景や習慣の同じ者同士で相互に助け合う。イスラーム教徒による各種の団体が相次いで設立されるのも1980年代以降だ。

これについては小村明子による分析がある[3]。イスラーム教徒の人たち

の設立する団体では、1935年の神戸モスク設立以降、長らく1980年前後までは微増にすぎなかった。この間、団体数はすべてを併せても10程度だった。

1974年の時点では、個人設立の団体の4団体を除いて7団体にすぎなかった。これには神戸モスクもふくまれるが、5団体が東京に所在した。

それが1980年になると団体数は増加しはじめ20となる。小村はこの時期に設立された団体には、トルコやインドネシアなどの国籍や、民族集団の呼び名を冠したものや、組織間の相互連携を目指す組織も増えたと指摘する。いずれも首都圏での設立が多く全体の半数を占める。地方都市では、京都、大阪、徳島、仙台、金沢、苫小牧などがつづく。

1990年には29。そして2010年には55団体を数えるまでになる。この背景には先に見た外国人の労働者、留学生の増加に加えて、結婚や入信をきっかけとした日本人イスラーム教徒の増加も大きい。

彼らが生活する上でモスクは欠かせない。それを受けて各地に小規模なモスクの設立が進んだのだ。

留学生と神戸モスク

この間、わが国への留学生も増加した。大学などの高等教育機関への留学生数は、ポートピア'81の開催されたころでおよそ1万人程度だった。

その後、中曽根政権下の「留学生10万人計画」が1983(昭和58)年より始動する。留学生10万人計画では2000(平成12)年を目途に留学生数を10万に増加させることを謳った。実際に2003年には留学生数は10万人を超している[4]。留学生は東アジア諸国からの学生が優勢だったが、イスラーム諸国からの学生も増加した。

神戸モスクでの礼拝者数も増加してゆく。

新井アハサンさんによると、1980年代後半は神戸モスクへは短期間で出入国するビジネスマンの礼拝者も少なくなかったという。訪日中の政府要人の訪問と礼拝もあった。

礼拝者の増加をうけて1992年にはモスクの南側に別館を建設している。

モスクの周辺地区にハラールの食材を扱う店や飲食店が増えるのもこの時期だ。留学生たちにとっても慣れ親しんだ食材が手に入ることは大切なことだ。神戸の大学で学んだ東南アジア出身の元留学生は「以前はモスクに礼拝に行くときにハラール食材の買い物をした」という。加えて、日本語の学習途上の若い学生たちにとっては、思い切り母国語で話をできることも良い息抜きになった。それに同じ信仰の人々の集いは異国のただ中にあって心の支えとなった。神戸モスクでは様々な国の人々と交流できたと話していた。インターネットが普及する以前のコミュニケーションでは、なおのことモスクでの交流は貴重だったのだ。

1995年1月
1995（平成7）年元日。地元紙の新年の話題は、景気回復への期待の高まりだった。

バブル景気の崩壊以降、神戸の経済にも回復の兆しを感じたいところ。兵庫県内でも、前年の猛暑の影響や所得税減税もあって個人消費に回復が見え始めた。自動車の売れ行きも、百貨店の売り上げも回復し始めた。

それでも紙面の論調では、兵庫県内は「鉄鋼、造船依存型の産業構造になっているため、回復の足取りが全国より遅く、企業経営者はリストラ（事業の再構築）に懸命。このため雇用環境も全国ベースより一段と厳しい」と現状を見ていた[5]。

だからか巨大開発プロジェクトへの期待も高まる。前年に開港したばかりの「関西国際空港」の拡張工事計画。「神戸空港」着工推進、姫路市北方での「播磨空港」の建設計画。明石海峡大橋の架橋工事の進展状況。「アーバンリゾート都市」の実現にむけた商業や娯楽施設の建設。これらが、全国水準よりも厳しい情勢にある神戸の不況を吹き飛ばすはずだと。

1995年1月16日。前日には過去最多の55万人の受験者が挑戦した大学入試センター試験は終了。新聞紙面には、今はなき政党会派の旗揚げが報じられている。1月もイベントが目白押しで神戸市内を中心に開催予告が並ぶ。造船所では18日に貨物船の進水式。同日、国際展示場では

シューズコレクションが開催。週末には、薙刀とバスケットの試合。競歩にマラソン大会も開催の予定。

ただし、この1月16日はいつもとは様子が違う事もあったという。

明石海峡で操業する淡路島の漁業関係者によると「普段は澄んでいる海の潮が海底からわき上がるようにして茶色い濁りが回り（略）コノシロが無数に海面近くまで浮かび上がってきた」という。淡路沖では、いつもは釣れるはずの魚が全くかからない。釣り人たちは早々に竿を納めたという[6]。

晴のち曇り。ほぼ満月の夜。この先も寒さは続くとの予報だった。

マグニチュード7.3

1995（平成7）年1月17日火曜日。午前5時46分。

街を強震が襲う。神戸市の被害は甚大だった。死者は4571人。モスクのある中央区でも243人の命が奪われた。多くの建物が深刻な被害を受けた。市全体で約6万7千棟が全壊。中央区でも全壊6300棟、半壊6600棟におよんだ（神戸市、2005年集計）[7]。

大地震がまさか神戸を襲うとは思わなかった。

地震の直後、市内各所で火災が発生した。火の手は次々に街を呑み込んでゆく。市街地西部の長田で、永年にわたってクリーニング屋を営んでいた男性の店舗併用住宅は、地震で全壊。崩れた家財に挟まれ逃げることができなかった。夜明け前。ひたすら客から預かった品物の事だけが気になったそうだ。自らの怪我は気にならなかった。幸運にも昼過ぎに近所の人に助け出される。全壊した店舗併用住宅に迫っていた火の手は、夕刻になって風向きが変わった。客からの預かりの品は焼かれずにすんだ。火の手は一筋手前の道路でとまったのだ。

この人は、大水害、大空襲で住まいを失っている。そして阪神・淡路大震災でまたもや家と店を失って、そのうえ怪我まで蒙った。それでも避難所となった小学校では近所の人に囲まれ気丈だった。開口一番「お客から預かった品物が傷まんでよかったー」といって大きな声で笑った。

しかし陽気な一方でこうもつぶやいた。「水害、空襲、こんどは地震や。またやり直しなんや」と。たしかに神戸は、繰り返される自然災害や戦災に繰り返し痛められてきた。そしてポツリと付け加えた。「三度目の正直や。家が壊れるんは、もうこりごりなんや」と。

災害は、今日とかわることなく続く、平穏なはずの明日を、容赦なく奪いさる。

「震災の帯」とモスク

地震による建物被害を記録した資料がある。都市計画学会と建築学会の支部が合同で設置した「震災復興都市づくり特別委員会」による緊急調査『被災度別建物分布状況図集』だ[8]。

現地調査は地震発生後の2月から実施された。調査では、建築物の損壊の度合いが記録された。一つ一つの建物について、外観から損壊の度合いを4段階で判別してゆく。そして結果が1軒毎に地図に記載された。外観から見て全壊などで損壊の最も深刻な建物は赤色、そして順にオレンジ色、黄色、外観上の被害のない「被害なし」の建物は緑色と、地図上に色分けされた。

この図集を見る。地震の被害が甚大だった長田区は地図全体が真っ赤に塗り込められている。焼失した建物も多い。一方、モスクのある神戸市中央区は、緑や黄色で塗られた損壊の度合いが軽微な建物も目立つ。特に山手は比較的に被害が大きくないようだ。

モスクの被害はどう記録されたのか。この調査によると、モスクは、別棟の文化センターを含め、緑色の「被害なし」の記録だった[9]。あわせてモスクの南側の集合住宅群もほとんど「被害なし」だった。

しかし少し離れた地区には被害を受けた、黄色やオレンジ色で記された建物も少なくない。モスクからさほど遠くない距離にある教会や放送局、神社は大きな被害を受けた。

モスクの近くにも地震による被害が集中している地区がある。モスクより西のトアロードの西側の街区がそうだ。これらの地区の一部は、先の神

戸大空襲の際に焼かれなかった。神戸モスクの周辺をはじめ市街地は神戸大空襲では跡形もなく焼かれた。また経済成長期にはマンション開発などを受けた。地区の建物が比較的に新しかったことも地震による建物の被害を小さくしたのだろうか。

　地震発生から100日後に撮影された航空写真をみた[10]。

　市街地の多くの建物には、屋根に青色のビニールシートが被せられているのが写っている。被害の大きかった建物の解体が始まり空き地になっている様子や仮設住宅の屋根も写っている。モスクは屋上のチャトリに亀裂が入ったためその部分にシートがかけられている。そのほかは別棟ともに被害がないようだ。

　地震による建物の損壊の程度は、建物の構造のみならず地盤の状態が大きく影響する。一般的に、池や谷筋、海岸を埋め立てた土地は、地震動が大きくなる。また断層の近くは揺れが大きい。これらの複合的な作用で被害の程度が決まる。

　モスクの北側には六甲山系が迫る。この山裾には諏訪山断層がある。諏訪山断層は六甲山系の山裾、市街地の北縁に添うように、ほかの断層と離合しつつ東西に横たわる。モスクの位置はこの断層から400メートルも離れていない。この断層は山陽新幹線の工事でも留意された。新神戸駅の建設では断層を考慮して想定される影響を避ける工法が選択されたのだ。

　ところがマグニチュード7.3の強震による、深刻な被害は断層帯の直上には生じなかった。被害は断層帯のさらに南側の平地に集中した。この被害が甚大だった地帯は後に「震災の帯」と呼ばれることとなる。「震災の帯」は市街地の東西に20キロメートル以上にものびたが南北は1キロメートル程度だった。この範囲に建つ築年数の経った木造住宅などに大きな被害が出た。

　なぜ断層の直上から離れた地点に「震災の帯」が生じたのか。これには諸説ある。六甲山系から平地の間の複雑な地質や、平地の地盤条件によって断層の直上から離れた場所に強い地震動が生じたとする説などだ。

　ではモスクの建っている地区の地盤はどうだったか。地質図によると神

戸モスクの地区は山麓から市街地に向けて「段丘層」が延びている[11]。モスクはその段丘層のほぼ中央に位置している。地盤は礫・砂・粘土で構成され、一般的に水はけもよく安定しているとされる。

建築物の地震の被害は、建物の構造とともに、敷地の地盤やその造成方法、そして地勢などの複合的な要因で決まる。「震災の帯」では鉄筋コンクリートの建物でも倒壊した例もあった。

モスクは、神戸を襲った地震にも耐えた。これはモスクの建物の堅牢さと共に、建物を支える地盤の安定性も寄与したのだろう。

歴史的建築物と地震

地震による歴史的な建造物の被害も大きかった。新聞にも「傷跡あらわ…異人館街、旧居留地　貴重な歴史的遺産も直撃」と題された写真記事が出ていた[12]。市中で壊れた、異人館などの姿が報じられている。

そんな中、モスクが無事な様子が写真付きで掲載されていた。写真の説明には「ガレキの中で生き残った回教寺院」とある。大空襲に続く再びの奇跡だった。

被害とその再建を論じた『阪神・淡路大震災と歴史的建造物』によると、兵庫県内で被害を受けた国・県指定の文化財は100件に迫った。「異人館街」の町並み保存地区でも30件を超えた[13]。歴史的な建造物に被害のあった地域は兵庫県下から大阪や京都にも広がった。

歴史的な建造物での地震被害にはある種の傾向も指摘された。建物の構造別にみて、全壊となった建物の割合は、木造や煉瓦造は、モスクと同じ鉄筋コンクリート造よりも高かった[14]。ただし建物の構造だけが被害の程度を決めたのではない。建築時期や方法もその要因となった。

同じ鉄筋コンクリート造でも関東大震災以降に建てられた公共建築は比較的に地震に強かった。中川理は、近代建築の建設時期とその構造をつうじて建物の被害の度合いを分析している。同じ地区でも、その被害に明暗を分けた建物があると指摘する。

神戸中心部において戦前のＲＣ造（鉄筋コンクリート造）の近代建

築、とりわけ関東大震災以降に建てられたものは、震災の被害が比較的少なかった。このことは、特に官庁関係などの公的な性格の強い建物に顕著である（括弧内追記：筆者）。

その上で市内の小学校の建物の被害に注目している。

戦前期ＲＣ造校舎の今回の震災の被災はどうであったか。結論から言えば、戦後に建てられたものに比べても予想外に少ない被害でとどまっている[15]。

必ずしも戦前に建てられた建物が、戦後のそれに比べて地震に弱かったわけではなかったのだ。

それはなぜか。中川は、地震による建物の損壊には複合的要因が作用し結論することが難しいと留保しながらも「地盤、材質、設計上」の問題の少ない建物は被害が小さかったのではないかと指摘する[16]。建物の構造や地盤、完成後の管理の状態がその被害の明暗をわけたのだ。

モスクの被害は、南側のチャトリにひびが入った程度で、軽微だった。モスクの隣接地では、煉瓦造りの塀が崩れたが建物は無事だった。

モスクからほど近い「異人館街」の町並み保存地区にも被害が出た。当時、町並み保存地区内には630世帯1450人が暮らしていた。中嶋節子によると町並み保存地区の被害は、海側の市街地中心部と比べて小さかったとしつつも「程度の差はあるものの伝統的建造物のすべてに被害がみられる」。また和風と洋風の建築を比べると、洋風の方が被害が大きく、建物以外でも煉瓦塀の破損が大きかったと指摘している[17]。北野町から相楽園内に移築されたハッサム住宅にも被害があった。ハッサム住宅の煉瓦造の煙突は屋根を突き破り階下まで落ち、壁に亀裂が生じた。

外国人にとっての震災

地震による外国人への被害も大きかった。被害の程度は、日本人よりも深刻だった。関西の外国人支援団体の集成（1995年2月末）によると、神戸市では外国人登録者の151人が命を落とした。地震による死亡者全体の3.94％を占めた。1995年2月末時点の被害の集計によると神戸市の外

国人登録者の占める割合は 2.91％だ。モスクのある中央区での外国人の死者数は 25 人。これは中央区の死者数の 12.14％にもおよぶ[18]。外国人の死者数（県内）を国籍別にみると韓国・朝鮮、中国籍の人が 9 割弱を占めた。それにブラジル、ミャンマーなどの国籍の人から数名の死者が出た。

亡くなった人には若い留学生たちが多く含まれた。死者のうち 20 歳代の 6％、30 歳代の 8％が外国籍の人だった。先の支援団体によると「安い木造文化住宅に住みながらアルバイトをしていた留学生や、働きざかりの人たちが犠牲」となったと指摘する[19]。

災害がおきた時、外国人の境遇は、代々同じ地域で暮らす人たちよりも困難だ。親戚を頼って他の地域に避難することも容易ではない。滞在期間の短い人は言葉や習慣の壁がある。各種の保険への加入の有無も明暗を分ける。この構図は、戦時下の外国人の苦境とも重なって見える。

場合によれば、それは生命も脅かしかねない。先の外国人支援団体はこう指摘するのだ。

> 日本語が十分にわからない人びとは、避難命令も、損壊したビルの危険度を示すために張られた赤や黄色の札の意味も当然のことながらわからない。避難所のありかを知らなかった人も少なくない。義援金や救援物資の入手、医療、避難所での共同生活。さまざまなところで、言葉と文化のギャップ、そして法律のカベにぶつかった。

また、地震の経験が浅いことが恐怖を増幅した。「ブラジル人などのように地震のほとんどない地域から来ている人びとは、精神的な用意がほとんどできていなかった」と指摘する[20]。とくに日本での滞在が短い人の地震に対する恐怖感は相当に大きかった。

地震発生直後から、外国人向けの相談窓口が設置された。たとえば警察署には外国人相談窓口が設置されている。また救援団体が大学内に設置されたりもしている。しかし言葉の壁が立ちはだかる。インターネットを通じて情報を交換する時代はまだ先の話だ。

こんな状況のもと、神戸モスクをはじめとする、祈りの場の果たした役割はとても大きかった。それぞれの困難の中で宗教者の果たした役割は大

きい。僧侶は避難所を回り不安に耳を傾ける。教会では、外国語の通訳や母国との連絡役の役割を果たした。祈りの場が避難者が一時身を寄せる場としても機能したのだ。

モスクでの再会と弔い

モスクでは地震発生後、直ちに信徒の安否確認がはじまった。大阪市内に住んでいたトルコ人は地震発生後にモスクに電話した。電話を受けたモスクの人は「何もいらない。身一つで来てくれ」と迎え入れたという。電車やバスをのりついで崩れた家々の間をあるいて、やっとモスクまで来ることができた。モスクや周辺の片付けを手伝ったという。その際に友人の消息を確かめたりした。彼は、親しい友人が万が一亡くなっていて火葬されることを恐れていたのだ[21]。

モスクの関係者の懸命の調べの結果、地震による信徒の犠牲者は2人だった。1人は、地震発生数か月前に日本に来たばかりだった。神戸商船大学（現・神戸大学海事科学部）の留学生のアルジェリア人の男性。地震の起きた日が彼の34歳の誕生日だった。もう1人は、ミャンマー人の45歳の男性だった。2人ともわずかな期間の神戸滞在にもかかわらず、地震は命を奪い去った。

彼らに対する弔いの役割を担ったのもモスクの人たちだった。アルジェリア人の留学生に対しては、地震発生から6日目にモスクで葬儀の礼拝が行われた。これには約10人の信徒が参列した。モスクでは亡骸を清め、白い布で包まれたあと祈りがささげられた。彼の亡骸は母国に送り届けられた[22]。もう1人の犠牲者のミャンマー人の亡骸は、モスクで葬儀が行われた後、墓地に葬られた。

避難所としてのモスク

新井アハサンさんは地震が起きた時、朝の祈りを始めたばかりだったという。激しい揺れの中、祈りをやめることはなかった。「我々は、祈ることで心の平安が得られるから……」とその時の心境を回想する。

地震のあった1月17日は、曇天で最高気温が摂氏7度にもならない寒い日だった。その後も寒い冬の日がつづいた。明け方は氷点下にまで下がる日もあった。

　地震で数えきれない住まいが壊れた。このため学校などに開設された避難所には多くの人が避難することになった。神戸市の調べによると、避難所の数はピーク時で599か所にもおよんだ。そこに最大で22万人を超す避難者が身をよせた。モスクのある中央区でも避難所は90か所、避難者は3万5千人におよんだ[23]。

　信徒の人たちの住まいの全壊は6世帯25人、半壊は5世帯だった。そんな中、モスクは被災した信徒の人たちの避難所としての役割も果たした。続々と信徒の人たちが集まった。国籍は様々で、スリランカ、インドネシア、マレーシア、パキスタン、シリア、そして日本人もいた。

　モスクでの避難の間、夜間は女性と子供たちは、別棟の文化センターの1階に集まって眠った。ここには厨房設備があり、調理や子供の世話にも便利だった。男性はモスクに寝た。それぞれに空いている場所に身を横たえた。

　モスクに避難をしている間も、彼らは祈りを続けた。地震発生の日も祈りが途切れることはなかった。地震発生から3日後の金曜日の礼拝にも、通常の半数の25人程が集まることができた。

　礼拝の前の身の清めでは、水道が断水したため、井戸水をつかった。知人の紹介で商店の井戸を使うことができた。また周辺では、破損した水道管からは水があふれていた。しばらくの間は、それらを使うことができたのだ。

　当時、中学生で、モスクに一時避難した人はそのときの様子をこう回想した。「一言で言うとサバイバルでした。モスクの隣の駐車場の空いた場所に、薪を集めてきて火をおこし、カレーを作りました。モスクへの避難では大人も子供もそれぞれに役割を持って助けあった。モスクに集まった人は、お年寄りから乳児まで様々でした。中学生だった僕は、半分大人のようなあつかいで配膳の手伝いをしました。地震間もなくのころはオムツ

と水に困りました」

　それでも、こうして屋外で火を焚いて炊き出しをするのは、地震発生直後の数回程度だけだった。すぐにガスコンロが手にはいったからだ。

　この避難は彼にとって貴重な経験でもあった。「モスクへの避難で実感したことは、英語の大切さです。外国人が多いこともあって避難の間、モスクでの共通語は英語でした。そのとき本当に英語を勉強しなくてはいけないと思いました」と回想する。

　神戸新聞には、地震発生直後のモスクの様子が報じられていた。

> 不安募らす外国人避難者　イスラム教会にアジア各国などの四十人以上と一緒に身を寄せるパキスタン人会社員（略）は手作りのカレーを食べながら「独自のルートで食料を手に入れているが、イスラム教徒は戒律で食べられない食品もあるため集めるのも大変」。滞在３年半のバングラデシュ人（略）は「崩れた家の下から友達が救助してくれたが、パスポートもお金も埋まったまま」と途方に暮れる[24]。

　モスクへ救援物資が届いても、ハラールの食材でないと口にできない。しかし地震発生からほどなく東京のイスラムセンターや全国の信徒団体、個人から寄せられたハラール食材が次々に到着し始める。サウジアラビアやエジプトの大使館からの支援もあった[25]。

　これもあって、モスクでの避難生活では食料が尽きる不安はなかった。到着した救援物資は、順に玄関から奥の廊下に積み上げられた。

　避難者は「救援物資の到着は周辺の避難所などよりも早く、同胞の好意を実感した」という。モスクにやってきた、近隣の知人にも分け与えられたという。

　こうしてモスクに避難した人々は、地震発生から数日の間身を寄せあった。自宅の被害の軽微な人は、地震発生からしばらくの間の夜間はモスクに宿泊しても、程なく自宅に戻っていった。モスクに残った人も日中は地震で壊れた自宅や職場の修理や家財の片づけを行った。それでも余震への不安感もあり夜にはモスクに戻る人もあった。夜間は皆で一緒にいるほうが安心できたのだ。

その後、電気や水道が徐々に復旧するにつれ、それぞれに自宅に戻っていった。それでも一部の人のモスクへの避難は長期化した。地震発生から2か月弱が過ぎた3月上旬でもモスクには住まいを失った10人が避難を続けていたのだ[26]。

新井アハサンさんの自宅と事務所は幸いにも無事だった。新聞に新井アハサンさんの談話が出ていた。モスクに避難した人々の安静とともに、神戸の街に対する愛着も。

「私は神戸に20年近く住んでいる。私は神戸を愛している。ここはとても住みやすい街だ。わたしはここに住み続けたい。」

一方で、この時の新井アハサンさんの心配は、当時、受験生だった息子さんのことだった。「彼は入試を控えた受験生だ。彼の入学試験が心配だ。でも彼は大丈夫だと言っている」と[27]。入学試験の予定された2月上旬も鉄道は神戸を中心に不通のままだった。それでもアハサンさんの息子さんは志望校の入学試験に臨んだ。

震災の冬が終わる頃、待望の合格通知とともに春を迎えることができた。

モスクと街

震災はモスクと地域社会に災いだけをもたらしたわけではなかった。

オムリ・ブージッドの指摘は貴重だ。震災をきっかけとしてモスクと地域住民の新しい関係が生まれたという[28]。地震直後、モスクに隣接する駐車場に日本人が避難してきて、救援物資や炊き出しを共にした。震災前には、ゴミ集収等のささいな事から隣近所のゆき違いもあったという。これも震災をきっかけにした助け合いで、新しい結びつきができたのだ。

神戸モスクと近隣社会には、創建から今にいたるまで、しなやかなつながりがあった。地域には相互の理解と歩み寄りの経験が積み重ねられてきた。この積み重ねは、より多様な人々が、地域社会で共に暮らすであろうこれからの社会を考える際の大切な英知となるだろう。

こんなこともあった。地震から2年の1997（平成9）年春。モスクの

隣接地にマンションの建設計画が立てられた。当初、建築計画に示された建物の高さは26メートルあった。モスクからみると、礼拝をささげるメッカの方角に、比較的に高さのある建物が建つこととなる。

礼拝室にあふれる光の美しさは神戸モスクの魅力の一つだ。読売新聞の報道によると「日中の礼拝時には、ステンドグラス様の黄色い窓からオレンジ色の優しい光が祈りを包み、信者からは『快適で安らぎのあるモスク』と絶賛されていた」。しかし「マンションが建つと、日光は一日約一時間しか入らなくなる」からだ[29]。

そこでモスク側は、不動産業者に対してマンションの設計を見直すように申し入れた。

この例に限らず、一般的に近隣敷地での建築計画の是非は、お互いの財産や利益にかかわることもあって、その調整は易しくはない。そしてこの申し入れの時期には、すでにマンションは着工されていたのだ。

新聞報道によると不動産業者は「震災の住宅復興のため地主や市などと話し合って出た計画。観光名所ということの配慮はさせてもらったが、建物を五メートル削るというのは採算的に非現実的で、今後の変更は不可能」と難色を示した。この建築物は、建築基準法などの法規にも適合している。市も「業者にはモスク側の事情を説明しているが、すでに着工している建物なので、何ともし難い」と見解した。

そこでモスクと業者との間で話し合いがもたれた。話し合いの結果、建物の高さを6メートル低くすること、マンション購入者にはモスクで礼拝が行われていることを事前説明するなど6項目の合意が交わされた。

当時のモスクの理事長だったキルキー氏は「合意で、少しでも明るさを戻せるし、これから長い付き合いになる隣人に、宗教を少しでも理解してもらいたかった」と述べている。またマンション業者も「交渉の中で、モスクの現状や観光地・北野での位置付けを理解することができ、国際的、宗教的な問題も考慮した」と述べた[30]。

神戸モスクの礼拝室に、あふれる美しい光の空間は保たれた。

地震は、モスクに集う人々のみならず、神戸に住む人々の全てに過酷な

試練を課した。しかし、この試練で生まれた新しいつながりはかけがえがない。神戸の街の記憶した多様性や、人々の温かさを、改めて確認するきっかけともなったのだから。

注
1　店田廣文、2015、既出、pp.13-14。
2　桜井啓子、2003『日本のムスリム社会』ちくま新書、筑摩書房、pp.40-41。同書の参照した4カ国は、バングラデシュ、パキスタン、イラン、インドネシア。入管協会の在留外国人統計より。
3　小村明子、2015『日本とイスラームが出会うとき――その歴史と可能性』現代書館、p.55、p.63、p.74、p.81。「イスラミックセンター・ジャパン」などの資料より。
4　日本学生支援機構「平成26年度　外国人留学生在籍状況調査」2015.2.27。
5　神戸新聞「今年の景気はどうなる？」1995.1.1。
6　神戸新聞「明石海峡付近、前日に前兆」1995.1.25。
7　神戸市市長室広報部ウエブサイト「阪神・淡路大震災　1.17の記録、被害の概要」http://kobe117shinsai.jp/damaged/（最終更新日：2015、閲覧日：2016.2.12）。
8　震災復興都市づくり特別委員会（編）、1995「阪神・淡路大震災被害実態緊急調査：被災度別建物分布状況図集」震災復興都市づくり特別委員会（日本都市計画学会関西支部、日本建築学会近畿支部都市計画部会）。この調査では広い地域にみる膨大な数の建物の被害状況が面的に記録された。損傷の判定は、緊急調査として建物の外部からの目視によるもので、個別の建物の内部の損傷の状況は対象となっていない。
9　同前、図面「三宮」(Ko-00-14-三宮)、p.17。
10　兵庫県南部地震被災度判定体制支援会議（監修）、1995「阪神大震災被災地航空写真集」日経大阪PR企画出版部、シート16。
11　神戸市震災復興本部総括局、1999「神戸市地域活断層評価図」縮尺：1/25000。
12　神戸新聞「傷跡あらわ　異人館街、旧居留地　貴重な歴史的遺産も直撃」1995.2.3。
13　加藤邦男（編）、1998『阪神・淡路大震災と歴史的建造物』思文閣出版、p.110。数値は1995年4月末日の集計。
14　加藤邦男（編）、1998、既出、p.15。

15 中川理、1998「第1部2章4節、近代建築」、同前書、p.63。
16 同前、p.66。
17 中嶋節子、1998「第1部2章6節、重要伝統的建造物群保存地区」、同前書、pp.92-93。
18 外国人地震情報センター（編）、1996『阪神大震災と外国人――「多文化共生社会」の現状と可能性』明石書店、pp.74-76。同書では「統計神戸、1994年10月推計」、「近畿管区警察局、1995年2月」等の各種資料を参照している。
19 同前、p.77。
20 同前、pp.77-78。
21 同前、pp.110-111。
22 *The Japan News*, Foreign quake victims mourned far from home, 1995.2.1.
23 神戸市市長室広報部ウエブサイト「阪神・淡路大震災1.17の記録、被害の概要」既出。
24 神戸新聞「不安募らす外国人避難者イスラム教徒食糧確保に苦慮」1995.1.21。
25 *The Japan News*, Muslim evacuees cling to mosque, prayer, 1995.1.24.
26 *The Japan News*, Mosque serves as shelter for evacuees, 1995.3.4.
27 *The Japan News*, op.cit.,1995.1.24.
28 オムリ・ブージッド、2013「第七章　モスクと地域社会」、関西学院大学キリスト教と文化研究センター、既出、p.237。
29 読売新聞「神戸・北野のマンション着工にモスクが抗議」1998.1.22。
30 読売新聞「メッカから光、届くよう配慮　マンション高さ抑制　神戸異人館街のモスクと合意」1998.6.5。

終章　神戸とともに

　2015（平成27）年夏、神戸モスクは創建から80年の時を経た。
　この時を経てもモスクでの祈りの風景にかわりはなく、訪れる人が絶えることはない。日本に住む人、外国からの旅人。すべての人々にモスクの扉は開かれている。
　それを守り伝えてきたのが、モスクの人々だ。近年まで理事長をつとめていた新井アハサンさんに、近年のモスクの様子を聞いた。
　現在、神戸モスクで礼拝をする人はおよそ8割が自営業。このほかに留学生が多い。国籍では、日本人や、インドネシア人、パキスタン人、アフリカ諸国からの人々もいる。モスクへの礼拝者は、おおむね西は姫路、東は西宮近辺の人が訪れる。大阪に礼拝所ができたので、現在は大阪からの礼拝者は減っている。それでも折を見て遠くからも礼拝にやってくる。
　祭礼時には礼拝者でいっぱいになることもある。金曜礼拝には250人を超す。女性の礼拝者は2階の礼拝室を使う。ラマダーン明けの礼拝には1000人ぐらいは礼拝に来る。モスクには時折、関西を訪れるイスラーム諸国からの各国首脳も訪問する。
　モスクには見学者も大勢やってくる。新井アハサンさんが神戸にやってきた1980年代初め頃のモスクは、日本人の見学者の訪問は少なかった。これは正面玄関の扉が閉められていたことや、前の章でみたとおり礼拝に訪れる人が少なかったからだ。
　その後、見学者は徐々に増え始める。現在では少なくとも毎日20人程度も見学者があって、団体の多い日には100人を超す。「礼拝者より多い日もあるよ」と新井アハサンさんは笑う。
　見学者の増えた理由には、2005年頃にモスクのウエブサイトを開設し

たこともある。また別館に「イスラーム文化センター」との看板を掲げたこともあって、道行く観光客が気軽に訪れるようになったという。このほか、阪神・淡路大震災の際の一連の報道や、各種の雑誌などに取り上げられたことも見学者の増加につながったという。また旅行番組のテレビ局の取材も受け入れてきた。

新井アハサンさんらは、これらの訪問や取材の申し込みにこまめに対応をしている。「モスクに来てくれる人を大切にしたい。彼らがモスクに来ることで、我々のやっていることが、周囲に広がっていくと思うから」という。

新井アハサンさんは「神戸モスクには、人の誕生から死までをすべてを受け止める役割と機能が備わっている」という。

モスクでは結婚式も行われる。外国人の男性と日本人の女性が９割を占める。結婚式では、結婚しようとする人が２名の証人の前で結婚することを認めあう。もっとも婚姻の場は、モスクであることを求められていないが、誓いの場としてモスクで結婚をしたいと思う人が多いのだ[1]。

新井アハサンさんによると現在、月平均で２組程度が式を挙げる。広島など遠方からも来る。おごそかな雰囲気の神戸モスクで結婚をしたいと思っているからだろうという。

葬儀も重要な役割だ。亡くなった人の亡骸を清め、白い３枚の布で包んで埋葬する。これを見送り、埋葬するまでを亡くなった人の家族や知人たちがとり行う。その意味で墓地を整備することも大切だ。現在、墓地にできそうな場所を探している。

日曜日に子供たちに向けたコーランの朗誦などの宗教クラスを行っている。ゆくゆくは学校も運営できればとも思っている。

モスクを訪れる人にとっては、モスクの近隣も大切だ。モスクの周辺にある店で、ハラールの食材が買えることは大きい。新井アハサンさんも、来日当初はハラールの食材を手に入れるのに苦労したという。現在ではこれを手に入れるのも容易になった。近年では在留するイスラーム教徒の増加に伴って業者も増えている。

もっとも、最近では、インターネットでの購入が可能になったため必ずしもモスクのある地区に来る必要がなくなってきた。それでもモスクは出会いの場でもあり、友達を作る場としてもよい。神戸はイスラーム教徒の留学生にとっても住みやすい。モスクをはじめハラールの食材や、その他の外国人が住むための蓄積があるからだ。
　新井アハサンさんも、日本での暮らしや学校生活に慣れない若い留学生の相談に乗ることもあるという。モスクは、言葉や習慣の異なる異国に暮らす学生たちにとっても、ひとときの心の平安を得る大切な場所なのだ。
　神戸モスクは6人の理事や関係者の手によって代々守られてきた。
　礼拝の導師となるイマム（礼拝の導師）は、知人やイスラーム教の団体などを通じて紹介してもらう。以前の礼拝者の少ない時期は、イマムはお互いに交代で行ってきた。一時期、エジプトの大学からの派遣を受けていた。
　最近、モスクの大改修を行った。屋根の防水をやり直し、窓のサッシも点検した。ドームの銅板も一部交換した。シャンデリアも磨き上げた。これには時間も資金も必要だったが建立当時からの積み立てもあって成し遂げることができた。モスクは再び若返った。
　新井アハサンさんはこうつけ加えた。
　「モスクを守りつづけるのは、容易いことではありません。信仰と経営の両方の知識と実践が必要だから。時間も手間もかかる。しかし、これは私たちにとっては喜びなのです。
　モスクをみまもり、礼拝者や訪問者を受け入れることは、ある意味での来世への善行の貯蓄だと思っています。こうして、皆に役に立つことができることに感謝している。
　モスクには、もっと多くの人に礼拝に来てもらいたいと思っています。もちろん日本人の見学者も来てほしい。このこころざしは、きっと若い世代に受け継がれると思う」と。

*

神戸モスクは、今日もたくさんのイスラーム教徒の人たちの祈りの場となる。訪れる全ての人たちに、永くそして深い、神戸と世界とのつながりを想わせるだろう。
　そしてその佇まいは、それを建て、苦難の時もまもりつづけた人々の足跡とともに、神戸の街の記憶として刻まれつづける。

注
1　オムリ・ブージッド、2013「第七章　モスクと地域社会」、関西学院大学キリスト教と文化研究センター、既出、p.215。新井アハサン氏インタビューより。

モスク完成前後の建築関係年表

1920年代	1923年頃 スワガー来日。レーモンドの建築設計事務所に勤務 1926年 鷲尾九郎、竹中工務店大阪本店初代設計部長に就任 1929年頃 モスク建立に向けて準備が始まる 1930年 スワガー建築事務所設立（横浜市山手）
1931年	12月 モスク敷地購入
1933年	11月 竹中工務店設計部「神戸回々教教会堂新築設計図」作成
1934年	4月「回教礼拝堂建立実行委員会」の委員長ボチアから兵庫県へモスク建立の出願 4月 兵庫県知事から文部大臣他への稟議書提出 11月14日 建築許可。竹中工務店と建築契約 11月30日 定礎式
1935年	7月24日 竣工、建築使用認可 8月2日 献堂式 10月11日 祝賀会 10月『神戸ムスリムモスク：神戸ムスリムモスク開堂祝賀会記念冊子』* 刊行
1936年	4月『神戸モスリムモスク報告書1935-6年』刊行 9月『近代建築画譜：近畿篇』刊行（編集顧問：鷲尾九郎ら）
1940年代	1940年頃 スワガー離日。南米へ 1943年 海軍により接収 1945年 神戸大空襲、終戦

＊表中の和文表題は筆者による翻訳。

参考文献

朝日新聞横浜支局（編）、1982『残照：神奈川の近代建築』有隣堂。
石田潤一郎、歴史調査 WG、2010『16 人の建築家　竹中工務店設計部の源流』井上書院。
外国人地震情報センター（編）、1996『阪神大震災と外国人――「多文化共生社会」の現状と可能性』明石書店。
片倉もとこ（編集代表）、2002『イスラーム世界事典』明石書店。
加藤邦男（編）、1998『阪神・淡路大震災と歴史的建造物』思文閣出版。
金子光晴、1973『ねむれ巴里』中央公論新社（改版 3 刷：2012）。
関西学院大学キリスト教と文化研究センター、2013『ミナト神戸の宗教とコミュニティー』のじぎく文庫、神戸新聞総合出版センター。
近代建築画譜刊行会（編集顧問：武田五一、葛野壮一郎、飯高達夫、今林彦太郎、鷲尾九郎）1936『近代建築画譜　近畿篇』近代建築画譜刊行会（復刻版：橋爪紳也〈監修〉、2007『近代建築画譜　近畿編　全 1 巻』不二出版）。
黒田公男、2014『神戸移住センターから見た日本とブラジル』神戸新聞総合出版センター。
建設省（編）、1991『戦災復興誌、第十巻・都市編』大空社。
建築学会、1925『建築学会会員住所姓名録（大正 14 年 11 月 25 日発行）』建築学会、他各年版名録。
建築学会、1936『建築学会五十周年略史　明治 19 年―昭和 10 年』建築学会。
建築思潮研究所（編）、1990『建築設計資料 28：記念展示館』建築資料研究社。
神戸空襲を記録する会、2005『神戸大空襲　戦後 60 年から明日へ』のじぎく文庫、神戸新聞総合出版センター。
神戸市（編）、1989『写真集　神戸 100 年』神戸市。
神戸市（編）、1939『神戸市水害誌』神戸市。
神戸市、1982「異人館のあるまち神戸　北野・山本地区伝統的建造物群調査報告」奈良国立文化財研究所、神戸市教育委員会。

神戸市、2012『神戸港大観　平成 24 年』神戸市みなと総局。

神戸市教育委員会（編）、1998『異人館復興——神戸市伝統的建造物修復記録』住まい学大系 091、住まいの図書館出版局。

神戸市教育委員会、神戸近代洋風建築研究会（編）、1990『神戸の近代洋風建築』神戸市教育委員会。

神戸市建築局営繕第一課（編）、1963「重要文化財旧ハッサム住宅修理工事報告書」神戸市教育委員会。

神戸市、『神戸市統計書』、神戸市（各年度版）。

神戸市立博物館、神戸新聞社、2001『特別展　川西英の新・旧「神戸百景」川西祐三郎作品とともにたどる 20 世紀の神戸の姿』神戸市立博物館。

神戸新聞社（編）、1994『神戸市長 14 人の決断』　神戸新聞総合出版センター。

神戸都市問題研究所（編）、2009『神戸市制 120 周年記念：神戸　あのまち、あの時代』神戸市。

神戸ポートアイランド博覧会協会、1982「神戸ポートアイランド博覧会公式記録」神戸新聞出版センター・電通。

Kobe Muslim Mosque, 1935, *The Kobe Muslim Mosque: A Souvenir Booklet Issued in Commemoration of the Opening Ceremony of The Kobe Muslim Mosque*, October 1935.

Kobe Muslim Mosque, 1936, *The Kobe Muslim Mosque Report 1935-6.*

小村明子、2015『日本とイスラームが出会うとき——その歴史と可能性』現代書館。

桜井啓子、2003『日本のムスリム社会』ちくま新書、筑摩書房。

ジラルデッリ青木美由紀、2015『明治の建築家伊東忠太オスマン帝国をゆく』ウェッジ。

震災復興都市づくり特別委員会（編）、1995「阪神・淡路大震災被害実態緊急調査：被災度別建物分布状況図集」、震災復興都市づくり特別委員会（日本都市計画学会関西支部、日本建築学会近畿支部都市計画部会）。

新修神戸市史編集委員会、1994『新修・神戸市史：歴史編Ⅳ　近代・現代』神戸市。

新修神戸市史編集委員会、2005『新修・神戸市史：行政編Ⅲ　都市の整備』神戸市。

田井玲子、2013『外国人居留地と神戸　神戸開港150年によせて』神戸新聞総合出版センター。

竹中工務店、1935『竹中工務店　建築写真集　第三輯』竹中工務店（復刻版：石田潤一郎〈監修〉、2015『竹中工務店　建築写真集』写真集成・近代日本の建築Ⅲ、18、ゆまに書房）。

竹中工務店、1939『竹中工務店　建築写真集　第四輯』竹中工務店（復刻版：石田潤一郎〈監修〉、2015『竹中工務店　建築写真集』写真集成・近代日本の建築Ⅲ、19、ゆまに書房）。

竹中工務店、1959『六十年の回顧』竹中工務店。

竹中工務店九十年史編纂プロジェクトチーム、1989『竹中工務店九十年史 1899-1989』竹中工務店。

竹中工務店七十年史編纂委員会、1969『竹中工務店七十年史』竹中工務店。

店田廣文、2015『日本のモスク　滞日ムスリムの社会的活動』（イスラームを知る14）、山川出版社。

東京国立博物館他（監修）『日本の美術8』至文堂447号（2003年8月号）。

土木学会『土木学会会員名簿』土木学会、大正13年〜昭和16年版。

土木学会80年史編集委員会、1994『土木学会の80年』土木学会。

内務省神戸土木出張所、1939『昭和十三年神戸地方大洪水と其の復興計画の概要』内務省神戸土木出張所。

野間恒、2008『増補　豪華客船の文化史』NTT出版。

羽田正、2016『モスクが語るイスラム史　建築と政治権力』（増補版）ちくま学芸文庫。

林昌二、2004『建築家林昌二毒本』新建築社。

兵庫県教育委員会事務局文化財室、2006「兵庫県の近代化遺産——兵庫県近代化遺産（建造物等）総合調査報告書」兵庫県。

兵庫県南部地震被災度判定体制支援会議（監修）、1995「阪神大震災被災地航空写真集」日経大阪PR企画出版部。

兵庫県立美術館（編）、2010『レトロ・モダン　神戸　中山岩太たちが遺した戦前の神戸』兵庫県立美術館・美術館連絡協議会。

深見奈緒子（編）、2012『イスラム建築がおもしろい！』彰国社。

深見奈緒子、2003『イスラーム建築の見かた——聖なる意匠の歴史』東京堂出版。

深見奈緒子、2005『世界のイスラーム建築』講談社現代新書。

福田義昭、2008「神戸モスク建立前史：昭和戦前・戦中期における在神ムスリム・コミュニティの形成」、臼杵陽（研究代表）『日本・イスラーム関係のデータベース構築——戦前期回教研究から中東イスラーム地域研究への展開』科学研究費補助金基盤研究 A 報告書。

福田義昭、2011「神戸モスク建立——昭和戦前期の在神ムスリムによる日本初のモスク建立事業」アジア文化研究所研究年報 45 号。

藤本建夫、2010『何が地方都市再生を阻むのか——ポートピア'81、阪神・淡路大震災、経済復興政策』晃洋書房。

文化財建造物保存技術協会、1998「重要文化財・日本ハリストス正教会教団復活大聖堂（ニコライ堂）保存修理工事報告書」宗教法人日本ハリストス正教会教団。

マルク・レビンソン（著）、村井章子（訳）、2007『コンテナ物語——世界を変えたのは「箱」の発明だった』日経ＢＰ。

三沢浩、2007『アントニン・レーモンドの建築』SD 選書・改装版、鹿島出版会。

宮岡寿雄、1982『ポートピア' 81 成功記：都市の知恵と活力を生かした』学陽書房。

村松貞次郎、1965『日本建築家山脈』鹿島研究所出版会。

森隆行、2014『神戸港　昭和の記憶　仕事×ひと×街』神戸新聞総合出版センター。

弓倉恒男、1998『神戸トアロード物語　その名の謎に挑む』あさひ高速印刷出版部。

横浜市『横浜・都市と建築の一〇〇年』横浜市建築局。

Raymond, Antonin 1973, *Antonin Raymond: An Autobiography*, Charles E. Tuttle Company.

鷲尾九郎（著）、竹中工務店・経営企画室歴史アーカイブスグループ（編）、2014『記　鷲尾九郎氏の備忘』竹中工務店。

謝辞

　本書は、神戸モスクの皆様のご協力の上で執筆することができました。
　元理事長の新井アハサン氏には何度もの調査やインタビューにご協力いただきました。いつも穏やかな新井氏のお話はモスクの歴史や建築のみならず心にひびきました。また前理事長の山口忠昭氏にはこの図書を刊行するにあたり貴重なご助言をいただきました。
　竹中工務店の皆様にはモスク設計図面の閲覧と本書への掲載をお許しいただきました。
　本書の執筆では、大阪大学の福田義昭先生のお書きになられた論文とご教示はモスクの歴史的背景を理解するうえで欠かせない道標でした。京都工芸繊維大学の石田潤一郎先生には、竹中工務店や鷲尾九郎に関して貴重な御助言をいただきました。スワガーについては仁木政彦氏、長谷川香氏、速水清孝氏に御助言をいただきました。この他、多くの皆様の情報の御提供をいただきました。執筆の準備段階では深見奈緒子先生や武庫川女子大学の皆様に貴重な研究発表の機会をいただきました。
　文献閲覧では土木学会、建築学会、神戸市立、兵庫県立大学などの各図書館、また神戸市公文書館の館員の皆様にご支援をいただきました。
　モスクでの建築調査と図面作成では、研究室の学生だった吉田宗人君と下田寛君が実測と作図を行いました。これを受け宇高俊美氏に再実測と完成作図、幾度にも亘る図面の精査を依頼しました。
　また本書の刊行の機会をいただきました、東方出版の会長の今東成人氏、編集を行っていただいた、北川幸氏に御礼を申し上げます。
　学生のころから、多民族社会での人々の共存とそれをささえる生活空間に関心を持ってきました。これを求めて東南アジアの街や村を歩いてきました。特にマレーシアでの長期滞在は多くのイスラーム教徒の友人に囲まれ、とても楽しくこころ豊かなものでした。
　ある日、神戸にやってきたマレーシアの知人とともに、北野の異人館街

と神戸モスクに行きました。その人は祈りの後、モスクと北野の街並みを眺めて「この街は良いところだね。神戸は、まさしく多文化、多民族社会だね」とつぶやきました。

　そう、私がマレーシアに探し求めていた多元文化が共存する姿は、身近な神戸の街にもよく表れていたのです。これをきっかけに、遠い彼方のものと感じていた多元文化のある暮らしが急に身近なものに感じられるようになりました。

　なにより、モスクとモスクの皆さん、そして神戸の街の魅力に惹かれました。この豊かな時を過ごせたことに感謝したいと思います。

索引

■ア行

アーチ	107, 135, 138, 139
明石海峡	186, 187
アラビア語	44, 128, 129, 137, 138, 177
アラベスク	137〜139
生田神社	125, 150
異国情緒	7, 169, 171, 172, 174
異人館	127, 168〜172, 190
異人館街	7, 11, 19, 152, 162, 168〜172, 183, 190, 191
異人館通り	176, 178
伊東忠太	21, 85, 93, 107
イマム	48, 93, 124, 138, 139, 159, 202
インターネット	186, 192, 202
インド	8, 9, 15, 21, 27, 31, 33〜36, 39, 45, 46, 52, 55, 107, 119, 122, 143, 163, 184, 185, 194, 200
英国	17, 27, 33, 34, 46, 107, 123, 158
英国人	13, 18, 20, 29, 34, 45, 107
エンプレス・オブ・ブリテン	13, 14
小野浜	18, 80
オリエンタルホテル	19, 119, 121

■カ行

海峡植民地	46
海軍	110, 147, 156〜159, 204
外国人	8, 10, 13, 17〜19, 22, 27〜30, 32, 38, 41, 50, 55, 59, 61〜63, 79, 80, 93, 95, 103, 108, 125, 142, 147, 158, 159, 163, 164, 171, 172, 183〜185, 191, 192, 195, 201, 202
外国人人口	27, 30, 32, 163
外国人墓地	18
賀川豊彦	32
風見鶏の館	169, 170
勝田銀次郎	123, 128
カトリック豊中教会	65, 69, 70, 102
カトリック山手教会	56, 64, 66, 68, 69, 75, 96, 102
株式会社神戸市	11, 123, 176, 178
貨物船	175, 176, 186
川西英	35, 36
観光	8, 11, 13, 21, 28, 180, 197
観光客	7, 170〜174, 180, 183, 201
観光キャンペーン	170
観光産業	13, 170, 174, 180
観光地	170, 172, 180, 197
関東大震災	28, 34, 59, 68, 71, 72, 76, 109, 133, 190, 191
北野	7, 102, 127, 158, 164〜166, 168〜172, 174, 191, 197
北野尋常小学校	127, 152, 158
キブラ	128, 129, 138, 140
教会建築	56, 96
居留地	7, 10, 17〜19, 30, 34, 59, 79, 80, 119, 125, 152, 190
近代建築画譜	105, 107〜109, 204
金曜礼拝	118, 200
建築学会	60〜63, 157, 188
建築設計事務所	56, 100, 204
献堂式	118, 119, 121〜123, 204
構造技師	59, 60, 71
神戸空襲	49, 134, 143, 156

神戸港　13,16,17,19,22～24,29,30,80,
　　142,173,175,176
神戸大空襲　7,9,10,31,72,80,93,149,
　　157,188,189,204
神戸又新日報　20,51,53,120,121,123,
　　125,142
コーヒー　7,24,176,179
コーラン　123,128,139,167,177,201
国鉄　20,152
国立移民収容所　19,23,47,127
コンテナ　175,176

■サ行
雑居地　18,19,168
サラセン　106,107,134
三ノ宮駅　20,21,125,150,152,153
地盤　47,148,157,189～191
ジャパン・クロニクル　29,119,121,122,
　　144
重要伝統的建造物群保存地区　170
祝賀会　19,38,40,44～46,48,52,56,
　　118,121,123,124,142,144,204
焼夷弾　143,149,150,152,156,157,159
新幹線　169,170,172,189
新神戸駅　170,189
震災の帯　188～190
スラム　7,32,50,118,122,129,165,177,
　　179,195
スワガー　9,28,37,47,55～65,68～76,
　　81,82,94～96,98,101～103,105,106,
　　108～110,119,132～134,136,141,143,
　　157,204
聖路加国際病院　64,65,67,73,74,102
戦災復興　11,159,164
葬儀　193,201

疎開　150,151,160

■タ行
タージ・マハル　55,94,107
耐震　71,72,109,110,134,157
大水害　7,22,147,148,187
宝塚大劇場　98,99,110
竹中工務店　9,21,47,55,56,73,79,81,
　　82,84,85,87,88,90,93,95,97,100,101,
　　103,104,106,108～110,119,121,132,
　　133,140,141,179,204
「竹中図面」　81～86,92～98,101,102,
　　108,109,132,133,136,140,157
竹中藤右衛門　79,81,99,101,104,109
タタール　8,28,33,36～39,41,45,46,
　　52,57,119,142,162,163
丹平写真倶楽部　31
地価　171,173
中華街　7,30
中国　9,28,30,31,33,58,69,76,85,122,
　　136,163,164,171,183,184,192
帝国ホテル　58
定礎式　51～53,83,204
鉄筋コンクリート造　23,68,82,83,106,
　　119,127,132,133,152,156,157,190
鉄骨造　133,134
トアホテル　19,20,23,121,148
トアロード　10,19～23,30,121,125,
　　142,148,150,152,188
東京モスク　103,104,134,141
ドーム　9,11,36,52,60,92,96,107,114,
　　119,123,127,129～136,139,142,152,
　　153,157,162,202
都市計画　169,188
土木学会　62,63

土木技師	18,29,60,62,63,70,76,110
豊中教会	65,69,70,102
トルコ	37〜39,45,52,53,85,119,159, 162,163,175,185,193

■ナ行

中山岩太	13〜15,127,152
中山手通	48,80,83,106,119,122,123
南方特別留学生	167
入国管理	183

■ハ行

博覧会	17,176〜180
孵	16,17
白系ロシア人	28,36,38,163
ハッサム	34,35,165,178
ハッサム住宅	34,49,164〜168,178,191
バブル景気	183,186
ハラール	186,195,201,202
阪神・淡路大震災	9〜11,31,49,70,72, 80,134,136,150,168,187,190,201
避難所	187,192〜195
百万都市	147,160
廟	30,31
広島	60,133,167,184,201
ファッション	8,168,172〜174
プラハ工科大	57,58,61,74
ブリテン	13〜15
防空建築	157
ポートアイランド	11,175,176,180
ポートピア	11,175,176,178〜180,185
墓地	18,60,193,201

■マ行

マスジッド	128,137
町並み保存	152,170,171,190,191
マンション	11,168,169,171,189,197
ミナレット	11,36,52,84,86,92,94,96, 115,118,127,129,131,135〜137,142, 144,152,162
ミフラーブ	86,93,128,129,138,139
ミンバル	93,117,129,138,139
メッカ	40,86,93,121〜123,128,129, 138,140,177,197
メリケン波止場	19

■ヤ行

山手教会	56,59,61,64,66,68,69,75, 96,102
ユダヤ	30〜32,39

■ラ・ワ行

ラーメン構造	132
ライト	17,58,59,68,71,179
ラブホテル	168
留学生	167,183〜186,192,193,200,202
礼拝室	7,86,92,93,131,135,137〜140, 197,200
レーモンド	58〜61,63〜65,68,70〜74, 95,96,98,132,143,144,204
レツル	60,133
煉瓦	80,133,153,190,191
連合国財産	164,168
連続テレビ小説	168〜170
ロシア革命	22,28,30,31,36,37,58,98, 108
六甲山	18〜22,29,107,126,127,147〜 149,153,172,189
鷲尾九郎	95,97,98,100,101,105,108, 204

宇高雄志（うたか　ゆうし）

1969年、兵庫県生まれ。建築学を専攻。広島大学工学部助手をへて兵庫県立大学環境人間学部教授。マレーシア科学大学、シンガポール国立大学に研究員として滞在。

主な著述に『多民族〈共住〉のダイナミズム』（昭和堂、2017年）、『南方特別留学生ラザクの「戦後」』（南船北馬舎、2012年）、『マレーシアにおける多民族混住の構図』（明石書店、2009年）、『住まいと暮らしからみる多民族社会マレーシア』（南船北馬舎、2008年）。監訳に『21世紀アジア都市の未来像』（明石書店、2004年）。

神戸モスク──建築と街と人

2018年1月11日　初版第1刷発行

著　者	宇高雄志
発行者	稲川博久
発行所	東方出版（株）
	〒543-0062　大阪市天王寺区逢阪2-3-2
	Tel.06-6779-9571　Fax.06-6779-9573
装　幀	森本良成
印刷所	亜細亜印刷（株）

乱丁・落丁はおとりかえいたします。　　ISBN978-4-86249-297-5

甲子園ホテル物語
西の帝国ホテルとフランク・ロイド・ライト
三宅正弘　2200円

KOBE浪漫　阪本紀生写真集
阪本紀生　1600円

大災害時の自治体に必要な機能は何か
阪神・淡路大震災の現場に学ぶ
阪神・淡路まちづくり支援機構付属研究会編　800円

野の花通信
片山治之　1500円

姫路城の四季　大西艸人写真集
大西艸人　1800円

まぼろしの大阪テレビ
1000日の空中博覧会
川崎隆章　4200円

国家を超える宗教
相国寺教化活動委員会監修　田中滋編　2200円

経営と宗教
メタ理念の諸相
住原則也編　5000円

＊表示の値段は消費税を含まない本体価格です。